日《ひ》月《つく》の未《み》来《らい》記《き》

「日月神示」岡本天明の予言

北川達也

コボル

始めに

本書は、1944年から1961年に掛《か》けて書かれた「日月神示《ひつくしんじ》」からの予言《よげん》を抜粋《ばっすい》したダイジェスト版の名言集で、『日月《ひつく》の未来記《みらいき》』として私《わたくし》・北川達也《きたがわたつや》の視点から編集しなおし世に送り出す筆《ふで》です。

「日月神示」（『日月地聖典《ひつきくにせいてん》 上巻《かん》・中巻・下巻』、『五十黙示録《いせもくじろく》』）は、画家の岡本天明《おかもとてんめい》（1897－1963）に意図せずに文字を書くという自動書記《じどうしょき》によって、世の元の神様より降ろされた神示《ふで》とされています。

なぜ、今、「日月神示」なのかというと、この神示の予言は、現時点のことから未来のことまでを明確に示されていて、私たちの指針となるからです。

また、先の見えない闇《やみ》の世に、生きる希望を与《あた》えてくれると思うからです。

本書『日月の未来記』が底本《ていほん》としたのは、「日月神示（全）」（発行所　至恩郷《しおんきょう》）と『霊界研究論集《れいかいけんきゅうろんしゅう》（地震《じしん》の巻《まき》のみ）』（発行所　新日本研究所《しんにほんけんきゅうしょ》）です。

また、私の審神《さにわ》（神意《しんい》の判断）により、「日月神示」の味わいを崩《くず》さないように配慮《はいりょ》しつつ、順番や改行位置、漢字、仮名遣《かなづか》い、読点《とうてん》・句点、濁音《だくおん》・半濁音などを改めました。

引用元がわかるように、「日月神示」の文番号を（　）内に記《しる》しました。文番号のない『五十黙示録』のみ、（黙示　巻番号《まきばんごう》－帖番号《ちょうばんごう》）としました。

「……」は、省略を表しています。

私の解釈《かいしゃく》として、適宜《てきぎ》、4字下げの書体が異なる文章を添《そ》えてあります。

では、いよいよ、『日月の未来記』を開示する時《とき》が来ました。

未来、知るための「十《じゅう》の扉《とびら》」

始めに …… 1

第一の扉《とびら》　神の御手《みて》にあった光りの神示《ふで》

・この神示《ふで》は、神様の御手《みて》にある巻物《まきもの》 …… 14
・神示《ふで》により、天地《てんち》の規則が決まる …… 19
・次の御用《ごよう》とは、１９７１年10月13日からの仕組《しぐみ》 …… 24

第二の扉《とびら》　２０２０年から、七六《しちむず》かしい世

・１９９５年に、ひっくり返る …… 30
・２０２０年から、２０２９年までが、正念場《しょうねんば》 …… 32
・三千世界《さんぜんせかい》の大洗濯《だいせんたく》、立《た》て替《か》え、立《た》て直《なお》し …… 34
・悪《あく》のやり方は、九分九厘《くぶくりん》で、ひっくり返る …… 39
・悪《あく》の仕組通《しぐみどお》りの、悪平等の、選挙 …… 41
・政治が、腐敗《ふはい》すると、国民は、難儀《なんぎ》する …… 44
・このままでは、日本《にほん》が、つぶされる …… 48
・天地《てんち》の大泥棒《おおどろぼう》に、早く、目覚《めざ》めなさい …… 53
・群集心理《ぐんしゅうしんり》とは、悪神《あくがみ》の、憑《つ》きもの …… 55
・メディア報道を、信じられる時代は、終わった …… 60

第三の扉《とびら》 今、胸突《むなつ》き八丁《はっちょう》、フンドシしめよ

・「日月神示《ひつくしんじ》」は、コロナを、予言《よげん》していた……66
・コロナは、大戦《たいせん》に、匹敵《ひってき》する……70
・どんづまりの、闇《やみ》の世となる……73
・2020年から、2026年までが、闇《やみ》の世……76
・流行病《りゅうこうびょう》は、悪神《あくがみ》の仕業《しわざ》……79
・コロナは、ウイルスより、心の問題……83
・「日月神示《ひつくしんじ》」には、現在の状況《じょうきょう》、そのままが、書かれている……84

第四《し》の扉《とびら》 薬は、毒に、なることもある

・2020年からは、薬などの、見極めが必要……90
・自然免疫《めんえき》力を、大切に、育てること……96

・多くの人が、悪神《あくがみ》に、だまされている …… 99
・分断ではなく、相談することが大切 …… 102
・コロナを、無くそうとしても、無くならない …… 107
・2022年は、最も、苦しい、ギリギリの年となる …… 108
・どのようなことがあっても、死、急いではならない …… 109
・死ぬときは、死ぬことが、弥栄《いやさか》 …… 112
・新しき生命が、生まれつつある …… 114
・太陽の、日差しを、浴びなさい …… 117
・鼻は、素盞嗚《すさなる》の大神《おおかみ》様の、大切な象徴《しょうちょう》 …… 118
・お土は、神様の肉体 …… 119
・松と、ヨモギは、神様からの、贈《おく》り物 …… 121

第五の扉《とびら》　悪《あく》の総大将《そうだいしょう》、天変地異《てんぺんちい》、一厘《いちりん》

・悪《あく》の総大将《そうだいしょう》の、陰謀《いんぼう》は、失敗に終わる……126
・富士《ふじ》の大噴火《だいふんか》は、小噴火《しょうふんか》にできる……133
・改心《かいしん》すれば、大難《だいなん》が、小難《しょうなん》になる……138
・外国《がいこく》では、王が、逆《さか》さまに、なっている……140
・神示《ふで》が、うそだと、いうところまで、落ちて、神力《しんりき》、現れる……142
・一厘《いちりん》の、神の仕組《しぐみ》とは、ひっくり返ること……145

第六の扉《とびら》　数《かず》の、富士《ふじ》と、鳴門《なると》の仕組《しぐみ》

・一《いち》の仕組《しぐみ》は、始めの仕組……154
・今までは、四《よん》と、八《はち》の世界だった……156
・五《ご》は、天《てん》の、光りの数《かず》……158

・鳴門《なると》の仕組《しぐみ》とは、十《じゅう》の世に成る仕組……161
・富士《ふじ》の仕組《しぐみ》とは、二十二《にじゅうに》の世に成る仕組……162
・富士《ふじ》と鳴門《なると》の仕組《しぐみ》とは、十《じゅう》と、二十二《にじゅうに》が、組み組む仕組……165

第七《しち》の扉《とびら》　世の元の生神様《いきがみ》の仕組《しぐみ》

・世の元は、ドロドロだった……170
・世の元の神様は、国常立《くにとこたち》の大神《おおかみ》……173
・救《すく》い主《ぬし》の神様は、素盞鳴《すさなる》の神《かみ》……176
・五度《ごど》の、岩戸閉《いわとじ》めがあった……178
・いよいよの仕組《しぐみ》で、国常立《くにとこたち》の大神《おおかみ》が、お出ましになる……181
・御三体《ごさんたい》の大神《おおかみ》とは、日《ひ》の大神《おおかみ》、月《つき》の大神《おおかみ》、国常立《くにとこたち》の大神《おおかみ》のこと……185
・大日月地《おおひつきくに》の大神《おおかみ》とは、すべての神々様のこと……187

・八岐大蛇《やまたのおろち》、金毛九尾《きんもうきゅうび》、邪気《じゃき》、抱《いだ》きまいらせよ……191

第八の扉《とびら》　2024年は、神界《しんかい》の紀《もと》の年

・新しき御代《みよ》の始めは、辰《たつ》の年、2024年……194
・酉《とり》の年、2029年が、真《まこと》のミロクの世《よ》……197
・真《まこと》のミロクの世《よ》とは、不足、無く、嬉《うれ》し嬉しの世……199
・心の富士《ふじ》も、晴れたり……203

第九《く》の扉《とびら》　神様の御用《ごよう》のために

・神様のためと、念《ねん》じつつやれば、神様のためとなる……210
・道は、自分で、開くもの……214

・神示《ふで》は、肚《はら》に、入《い》れるもの……217
・人は神の器《いれもの》、神は人の命《いのち》……220
・それぞれの人に、それぞれの役目がある……226

第十《じゅう》の扉《とびら》　大奥山《おおおくやま》の大御神業《だいごしんぎょう》と縁《えん》

・奥山《おくやま》とは、神人交流《かみひとこうりゅう》の場……232
・神様が、奥山《おくやま》に、引き寄せている……238
・奥山《おくやま》との、縁《えん》を、大切にしなさい……242
・因縁《いんねん》のある人と、集団《まどい》をつくりなさい……244
・奥山《おくやま》では、何事も、手を引き合って、やりなさい……247
・神様に、先達《せんだつ》に、任《まか》せ切ること……254
・神示《ふで》を、ひろめなさい……260

・宗教《しゅうきょう》や悪《あく》の金《かね》もうけは、してはならない……263
・神界《しんかい》の秘密、開示《かいじ》の時……266
結び……269
参考資料「あれの巻《まき》」（秘蔵 私家版）……277

第一の扉《とびら》

神の御手《みて》にあった光りの神示《ふで》

❖この神示《ふで》は、神様の御手《みて》にある巻物《まきもの》

新しき光りが、生まれて、世を、救《すく》うのぢゃ。
新しき光りとは、この神示《ふで》ぢゃ。（五〇七）

神の御手《みて》に、巻物《まきもの》があるぞ。
この巻物を、見たものは、今までに、一人《ひとり》も、無かったのであるぞ。
この巻物は、天《てん》の文字で、書いてあるぞ、数字で、書いてあるぞ。
時節《じせつ》、参りて、誰《だれ》の目にも、黙示《もくじ》と、うつるようになった。
有りがたいことであるぞ。（黙示一－一二）

秋が、立ちたち、この道、開く方、出て来《く》るから、それまでは、神の仕組《しぐみ》、書かして、置くから、よく読んで、肚《はら》の中に、よく入れて置いてくれよ。（八）

新しき、光りの神示《ふで》

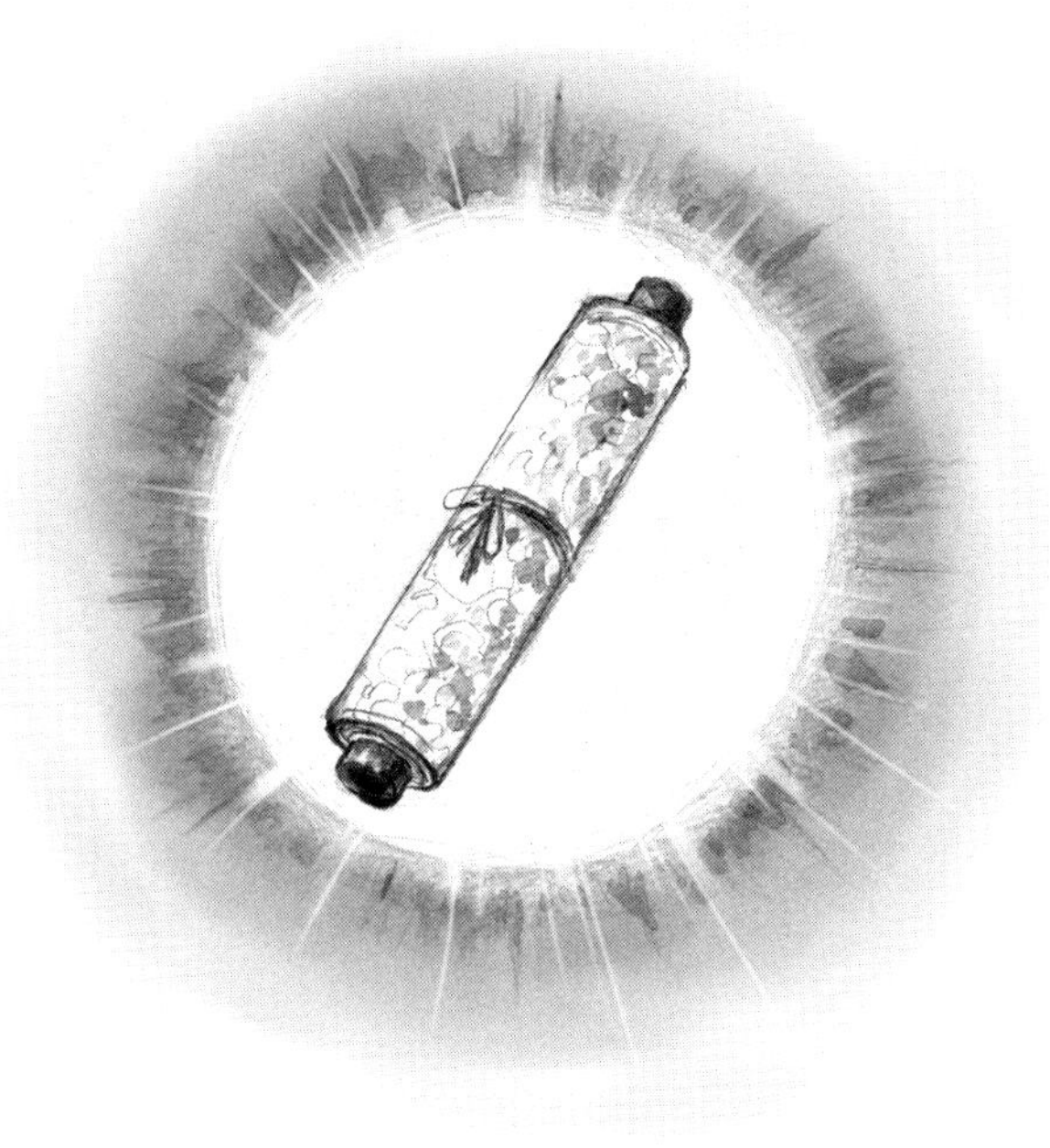

この神示、八通《はち》りに、読めるのぢゃ。七《なな》通りまでは、今の人民でも、何とか、わかるなれど、八通り目は、なかなかぞ。一厘《いちりん》が、隠《かく》して、有るのぢゃ。（五〇七）

北川達也《きたがわたつや》白《まを》す。「日月神示《ひつくしんじ》」は、八通りの読み方があるので本書『日月《ひつく》の未来記《みらいき》』は、その一端《いったん》です。（「北川達也白す」は、以下省略）

この神示、いくらでも、出て来るのざぞ。今のことと、先のことと、三千世界《さんぜんせかい》、何もかも、わかるのざから、よく読みて、肚に、入れておいてくれよ。（一四一）

地上人《ちじょうじん》の時間と、区別して、考えねば、この神示は、解らんぞ。（黙示三－三）

人間界ばかりでないぞ。
神界《しんかい》、幽界《ゆうかい》のことも、いうて、知らしてあると、申してあろが。
取り違《ちが》い、慢心《まんしん》、一等怖《こわ》いと、申してあろが。

（三三四・誤三三八）

神示、裏の裏まで、よく読めと、申してあろがな。……
神は、せよと、申すこと、するなと、申すことも、あるのぞ。
裏の裏とは、そのことぞ。

（三三五）

三十帖《さんじゅうちょう》、一切《ひとき》りとして、上《うえ》、下《した》、混ぜ混ぜにして、上、下、ひっくり返して、
読み直してくれよ。

（四九四）

神示は、過去・現在・未来のことが混ぜこぜに書かれているので、文脈を追い論理的に読むものではなく、肚で読むものと示されています。

小さいことは、それぞれの神に、聴《き》いてくれよ。（五六）

小さいことは、審神《さにわ》で、家来《けらい》の神々様から、知らすのであるから、そのこと、忘れるなよ。（六八）

ここで示された解読方法で、神示を読み解き現したのが本書『日月の未来記』です。

私は、十五歳《さい》の頃《ころ》より、何度も、「日月神示」を読み返してきましたが、どのようにしても、真《まこと》の理解には至りませんでした。

しかし、結びで述べますが、２０２１年７月１日を境に、一厘の意味が肚でわかるようになり、読み解くことができるようになったのです。

さらに、読み返すと、日付が明示《めいじ》され、現代のことと受け取りました。

その出来事がきっかけとなり、緊急《きんきゅう》、執筆《しっぴつ》したのが本書です。

❖神示《ふで》により、天地《てんち》の規則が決まる

この神示《ふで》、うぶのままであるから、そのつもりで、とりてくれよ。
うそは、書けん、根本《こんぽん》ざから、この神示通りに、天地《てんち》の規則、決まるのざぞ。
（三〇六）

結構な仕組《しぐみ》、知らしたら、邪魔《じゃま》、入るなり。
知らさんので、わからんなり。
心で、とりてくれよ。
（四九三）

細かく、知らして、やりたいなれど、それでは、臣民の手柄《てがら》、無くなるから、
臣民は、子ざから、子に、手柄さして、親から、御礼《おんれい》、申すぞ。
（二七）

神は、気《け》も、無いときから、知らしておくから、よく、この神示、心に、しめておれよ。
（二五）

早《はよ》う、神の申すこと、よく聞いて、生まれ赤子の心に、なりて、神の器《いれもの》に、なりてくれよ。
（九二）

一人《ひとり》、改心《かいしん》すれば、千人《せんにん》、助かるのぞ。
（三四四）

チョコラ、わかるような仕組なら、こんなに、苦労、致《いた》さんぞ。
（三四四）

この世をつくった太神《ふとかみ》の神示ぞ。
一分一厘《いちぶいちりん》、違《ちが》わんことばかり。
あとになって、気《き》がついても、そのときでは、遅《おそ》い遅い。
（黙示三－七）

神の申すことは、一分一厘、違わんのであるぞ。
今度、言うことを、聞かねば、大変な気の毒となるぞ。
（黙示六－一五）

遅し早しは、あるなれど、一度、申したこと、必ず、出て来《く》るのざぞ。……
この神示、一分一厘、違わんのざぞ。
（一三五）

世の元からの仕組であるから、臣民に、手柄、立てさして、上《うえ》、下《した》、そろった光りの世にするのざから、臣民、見当、とれんから、早《はよ》、掃除《そうじ》してくれと、申しているのぞ。
（一八七）

この神示、解くのは、魂《たま》でないと、少しでも、曇《くも》り、有ったら、解けんぞ。
悪《あく》に、見せて、善、行わな、ならんこと、あるぞ。
（四〇四）

臣民に、真《まこと》、無くなりていると、どんな気の毒、できるか、わからんから、くどう、気つけておくのざぞ。（一四〇）

読めば、読むほど、神徳《しんとく》、有るぞ。

どんなことでも、わかるようにしてあるぞ。（八二）

神が、表に出て、世界中、救《すく》うのであるぞ。

この神示、肚《はら》に、入れると、神力《しんりき》、出るのざぞ。（一六七）

この神示、肚に、入れておれば、どんなことが、出て来ても、胴《どう》、すわるから、心配ないぞ。（二七二）

今度の御用《ごよう》は、この神示、読まいでは、三千世界《さんぜんせかい》のことであるから、どこ、探しても、人民の力では、見当、とれんと、申してあろがな。どこ、探しても、わかりはせんのざぞ。（三四四）

モーチット、大き心、持ちなされよ。世界のことざから、世界の御用ざから、大き心でないと、御用、できんぞ。（二六一）

いつ、岩戸《いわと》が、開《ひら》けるかと、いうことも、この神示、よく読めば、わかるようにしてあるのぞ。（六七）

具体的な年月日も、示されているということです。

❖次の御用《ごよう》とは、1971年10月13日からの仕組《しぐみ》

旧九月八日で、一切《ひとき》りぢや。

これで、一《はじめ》の御用《ごよう》は、済みたぞ。

八分通《はちぶどお》りは、落第ぢやぞ。

次の御用、改めて、致《いた》さすから、今度は、落第せんよう、心得なされよ。

（四一二）

旧9月8日を読み解くと、1945年新10月13日のことでした。

10月13日を「一切り」として、次の御用の始めと示されています。

天明《てんめい》は、一の御用の方で、次の御用とは、読者の皆《みな》さまも含《ふく》めて、現代に生きる、私たちが果たすべき御用のことを示しています。

御用とは、神様が計画されている神の仕組《しぐみ》を担《にな》うことをいいます。

九月八日の仕組、近《ちこ》うなったぞ。

この道は、結び、一《ひ》、二《ふ》、三《み》と開《ひら》き、みな、結び、神々、地に成り、ことごとく、弥栄《いやさか》え、戦《いくさ》、尽《つ》き果《は》つ、大道《たいどう》ぞ。

一時《いちじ》は、この中も、火の消えたように、さびしくなってくるぞ。……

神の仕組、いよいよ、世に出るぞ。

三千年《さんぜんねん》の仕組、晴れ晴れと、富士《ふじ》は、晴れたり、日本晴《にほんば》れ。
（二七一）

天明の一の御用は、現在、火の消えたように、さびしくなっています。

次の御用の世となり、いよいよ、神の仕組が世に出るということです。


めでたさの、九月八日の、九《こ》の仕組。

とけて、流れて、世界一つぢゃ。
（六五六）

一《いち》、二七《にしち》、七七七七《しちしちしちしち》。

忘れては、ならんぞ。

次の世の仕組であるぞ。（五七）

一行目は、始め、27年目、成る、成る、成る、成ると読みます。

１９４５年を１年目として、27年目の１９７１年が次の御用の始めと示しています。

この年と日付を合わせて、１９７１年10月13日を次の御用の始めと考えると、「日月神示《ひつくしんじ》」の予言《よげん》を読み解くことができるのです。


次の四《よ》（世）の種だけは、字に、うめておかねば、ならんのざぞ。（一七九）

種とは、岡本天明《おかもとてんめい》筆、「日月神示」のことを示しています。

二（次《つぎ》）の御用は、神示《ふで》、うつすことぢゃ。
神示、うつすとは、神示を、人間に、世界に、うつすことぞ。
神示を、中心とした世界の働きせよ。（六三〇）

後日、次作の『日月《ひつく》の生き《い》方《かた》』という姉妹編を出版する予定ですが、本書『日月《ひつく》の未来記《みらいき》』と次作も、神示をうつす一端《いったん》です。

同じこと、二度、繰《く》り返す仕組ざぞ。……
同じこと、二度、この神示、神と仏の筆《ふで》。（四七六）

神示によると、拙著《せっちょ》の神道《しんとう》の筆『祈《いの》り方《かた》が9割《わり》』と仏法《ぶっぽう》の筆『ブッダの獅子吼《ししく》』も、その一環《いっかん》ということのようです。

第二の扉《とびら》　2020年から、七六《しちむず》かしい世

❖ 1995年に、ひっくり返る

悪《あく》の御代《みよ》、来《く》るぞ。
悪と、善と、立て別《わ》けて、どちらも、生かすのざぞ。
生かすとは、神の息に、合わすことぞ。
息に合えば、悪は、悪でないのざぞ。
（二四〇）

三十《さんじゅう》年、一切《ひとき》りぞ。
（三三九）

三十年で、世の立《た》て替《か》え、致《いた》すぞ。
これからは、一日増《いちにちま》しに、世界から、出て来るから、いかに、強情な人民でも、往生《おうじょう》、致すぞ。
（七四二）

独断、役には立たんぞ。

岩戸開《いわとびら》きの、九分九厘《くぶくりん》で、ひっくり返り、また、九分九厘で、ひっくり返る。

天明《てんめい》、九十六歳七カ月《きゅうじゅうろくさいしちかげつ》。
（五二六）

天明の九十六歳七カ月とは、もし存命していればという話になります。

九十六歳とは、１９９３年12月から１９９４年11月までのことです。

この九十六歳の最終月から七カ月を足すと、１９９５年６月です。

この翌々月の8月に世界的に話題となった出来事として、マイクロソフト社のOSが事実上、OSの標準となったことがあげられます。

これがデジタル社会をつくるきっかけとなったといわれています。

三十年、一切りとは、１９９５年を1年目として、辰《たつ》の年、２０２４年までのことを示しています。

❖2020年から、2029年までが、正念場《しょうねんば》

二二《ふじ》（富士《ふじ》）は、晴れたり、日本晴《にほんば》れ。

神の国の、真《まこと》の、神の力を、現す代と、成れる。

仏も、キリストも、何もかも、ハッキリ、助けて、七六《しちむず》（しち難）かしい、御苦労《ごくろう》のない代が、来《く》るから、身魂《みたま》を、不断に、磨《みが》いて、一筋の真を通してくれよ。

今、ひと苦労あるが、この苦労は、身魂を、磨いておらぬと、越《こ》せぬ。

この世、始まって、二度とない、苦労である。

この結びは、神の力でないと、何もできん。

人間のそろばんでは、はじけんことぞ。……

今度は、どうも、こらえてくれと、いうところまで、あとへ、引かぬから、そのつもりで、かかって来《こ》い。

神の国の、神の力を、ハッキリと、見せてやる時が来《き》た。……
人の力で、何が、できたか。
みな、神が、さしているのざ。
いつでも、神懸《かみが》かれるように、きれいに、洗濯《せんたく》、しておいてくれよ。　（一）

この神示《ふで》は、1944年に書かれた文番号（一）の初発《しょはつ》のものです。
「七六かしい」とは、掛《か》け詞《ことば》になっていて、1944年から76年後の、子《ね》の年、2020年のことを示しています。

子の年、真中《まなか》にして、前後、十年が正念場《しょうねんば》。　（二五二）

ここでいう子の年とは、2020年のことを示しています。
2020年を1年目として、10年後は、酉《とり》の年、2029年です。

❖三千世界《さんぜんせかい》の大洗濯《だいせんたく》、立《た》て替《か》え、立《た》て直《なお》し

これより示す神示《ふで》は、子《ね》の年、２０２０年以降に生きる私たちに向けられて書かれていると、私に示されたものをお伝えします。

百年も、前から、そら洗濯《せんたく》ぢゃ、掃除《そうじ》ぢゃと、申してありたが、今日のためであるぞ、岩戸開《いわとびら》きのためであるぞ。今までの岩戸開きと、同様でない、末代《まつだい》に、一度《いちど》の大《おお》岩戸開きぢゃ。

（黙示六―一四）

神徳《しんとく》、もろうた、臣民でないと、なかなか、越《こ》せん峠《とうげ》ざぞ。神徳は、いくらでも、背負いきれんまでにやるぞ。大き器《うつわ》、もちてござれよ。

（二五二）

この世、始まってない、今度の岩戸開きざから、これからが、いよいよぞ。

とんだところに、とんだこと、できるぞ。

それは、みな、神が、さしてあるのざから、よく気《き》つけておれば、先のことも、よくわかるようになるぞ。
（五六）

神の学で、なければ、今度の岩戸は、開《ひら》けんぞ。

（黙示三－四）


三千年《さんぜんねん》の昔に、かえすぞ。

煎《い》り豆、花、咲《さ》くぞ。

上《うえ》、下《した》、ひっくり返るぞ。

水も、漏《も》らさん仕組《しぐみ》ぞ。
（二九二）

三千世界《さんぜんせかい》を、一つに、丸めるのが、このたびの大神業《だいしんぎょう》ぞ。
世界一家は、目の前。
わからんものは、邪魔《じゃま》せずに、見物《けんぶつ》してござれ。
神の経綸《けいりん》、間違《まちが》いなし。

（八〇八）

曇《くも》りておれど、元は、神の息、入れた、臣民ぞ。
打つ手、あるのぞ。

（一六九）

二度とない、大立《おおた》て替《か》えであるから、少しくらいの、遅《おそ》し早しはあるぞ。
それも、みな、人民、一人《ひとり》でも、多く、助けたい神の心からぢゃ。
遅《おく》れても、文句、申すが、早くなっても、また、文句を申すぞ。
わからんと、申すものは、恐《おそ》ろしいものであるぞ。

（黙示三－六）

立《た》て直《なお》しとは、元の世に、神の世に、かえすことざぞ。
元の世と、申しても、泥《どろ》の海では、ないのざぞ。
なかなかに、大層なことであるのざぞ。
上、下、グレンと、申してあること、よく肚《はら》に、入れてくれよ。（二六五）

世界中、大洗濯《だいせんたく》する神ざから、小さいこと、思うていると、見当、とれんことになるぞ。（四九）

今度の大洗濯は、三つの大洗濯が、一度に、なっているのざから、見当、とれんのざぞ。

神の国の洗濯と、外国《がいこく》の洗濯と、世界ひっくるめた洗濯と、一度に、なっているのざから、そのつもりで、少しでも、神の御用《ごよう》、務めてくれよ。（二七四）

今度は、永久《とことわ》に、変わらぬ世に、致《いた》すのざから、世の元の大神でないと、わからん仕組ざ。

洗濯、できた、臣民から、手柄《てがら》、立てさして、嬉《うれ》し嬉しの世に、致すから、神が、臣民に、お礼、申すから、一切《いっさい》、ゴモク、捨てて、早《はよ》う、神の申すこと、聞いてくれよ。
（二一）

2020年の前後10年が正念場《しょうねんば》とお伝えしました。

既《すで》に、立て替え、立て直し、世界の大洗濯がはじまっているのです。

しかし、打つ手はあると示されています。

その打つ手とは、世の中の、ひっくり返っている物事が、上、下、グレンと、神様と私たちの力で、「ひっくり返る」ことをいいます。

ひっくり返すではなく、ひっくり返るです。

❖悪《あく》のやり方は、九分九厘《くぶくりん》で、ひっくり返る

その日暮らしの、我《われ》よしの、世と、なり下がっているぞ。
目当ては、⊙（喜び）のゝ（神）でないか。
ゝに、向かないで、ウロウロ。
草木《くさき》より、なり下がっているでないか。……
人のために、祈《いの》るは、己のために、祈ること。
今の人民、祈り、足らん。

（六五三）

世が、だんだん、迫《せま》って、悪くなるように、申しているが、それは、局部的のこと。
大局から、見れば、よきに、向かって、弥栄《いやさか》えているぞ。

（七〇九）

この道は、先に、行《い》くほど、広く、豊かに、光り輝《かがや》き、嬉《うれ》し嬉しの、真《まこと》の、惟神《かんながら》の道でござるぞ。（三三七）

ほうっておいても、神に、背くものは、自滅《じめつ》して行き、従うものは、弥栄えて行くぞ。（五九八）

悪《あく》の楽しみは、先に、行くほど、苦しくなる。

神のやり方は、先に、行くほど、だんだん、よくなるから、始めは、つらいなれど、先を楽しみに、辛抱《しんぼう》してくれよ。（二）

悪のやり方は、始めは、ドンドン、行くなれど、九分九厘《くぶくりん》で、グレンぞ。
善のやり方、始め、つらいなれど、先、行くほど、よくなるぞ。（三〇〇）

❖悪《あく》の仕組通《しぐみどお》りの、悪平等の、選挙

すべてを、数だけで、決めようとするから、悪《あく》平等と、なるのぢゃ。

（黙示二－一六）

悪平等は、悪平等ぞ。
世界、丸つぶれの、たくらみぞ。

（五九九）

悪の仕組通《しぐみどお》り、悪平等、悪公平の選挙で、選び出すのざから、出《で》るものは、悪に、決まっているでないか。

悪も、よいなれど、悪も、神の働きで、あるなれど、悪が、表に出ること、相《あい》、ならん。

（黙示三－五）

多数決が、悪多数決と、なるわけが、なぜに、わからんのぢゃ。
投票で、代表を出すと、ほとんどが、悪人か、狂人《きょうじん》であるぞ。
世界が、狂《くる》い、悪となり、人民も、同様と、なっているから、その人民の
多くが、選べば、選ぶほど、ますます、混乱してくるのであるぞ。
それより、ほかに、人民の、得心《とくしん》、できる道はないと、申しているが、道は、
いくらでも、有るぞ。
人民の申しているのは、平面の道。
平面のみでは、乱れるばかり。
立体に、あやなせば、弥栄《いやさか》えて、真実の道が、わかるのぢゃ。
ぢゃと、申して、独裁では、ならん。
結果から、見れば、神裁《しんさい》ぢゃ。
神裁とは、神人交流《かみひとこうりゅう》によることぞ。

（七九四）

人民は、選挙と申す麻薬《まやく》に、酔《よ》っているぞ。
選挙、すれば、するほど、本質から、遠ざかるぞ。
ほかに、方法がないと、定めてかかるから、悪魔《あくま》に、見入《みい》られているから、
わからんことになるぞ。
世は、立体であるのに、平面選挙していては、相、ならんぞ。
平面の数で、定めては、ならん。
立体の数に、入れよ。

（黙示七－九）

私は、現時点で、選挙を否定するつもりはありません。
私自身は、なるべく選挙へ行《い》くようにしています。
ひっくり返っている世の中で生きている私たちの視点では、今の選挙
以外には見当がとれません。
しかし、今の選挙とは全く違《ちが》う方法があるということが示されています。

❖政治が、腐敗《ふはい》すると、国民は、難儀《なんぎ》する

番頭殿《ばんとうどの》を、悪く、申すでないぞ。

よい政治、しようと、思って、やっているのぞ。

よいと、思うことに、精、出しているのざが、善だと、思うことが、善でなく、みな、悪《あく》ざから、神の道が、わからんから、身魂《みたま》、曇《くも》りているから、臣民、困るような、政治になるのぞ。

（二〇九）


今の人民、よいと、思っていること、間違《まちが》いだらけざぞ。

ここまで、よくも、曇りなされたな。

（三〇八）


餓鬼《がき》は、食べもの、やれば、救《すく》われるが、悪と、善と、取り違《ちが》えている人民、守護神《しゅごじん》、神々様、救うのは、なかなかであるぞ。
（三三六）

人民、悪いこと、好きでするのでないぞ。

知らず、知らずに、致《いた》しているのであるぞ。……

それで、見直《みなお》し、聞《き》き直《なお》しと、申してあるのざぞ。
（三六六）

悪の道、教えに、まだ、迷うてござるが、早《はよ》う、目覚《めざ》めんと、間に合わんぞ。
（七三八）

いよいよと、なれば、外国《がいこく》、強いと、見れば、外国へ、つく臣民、たくさん、できるぞ。

そんな臣民、一人《ひとり》も、いらぬ。

早う、真《まこと》のものばかりで、神の国を、固めてくれよ。
（一一一）

悪の仕組《しぐみ》は、日本魂《にほんだましい》を、根こそぎ、抜《ぬ》いてしもうて、日本《にほん》を、外国、同様にしておいて、ひと呑《の》みにする計画であるぞ。

日本の臣民、悪の計画通りに、なりて、尻《しり》の毛まで、抜かれていても、まだ、気《き》づかんか。

上《うえ》から、やり方、かえてもらわねば、下《した》ばかりでは、どうにも、ならんぞ。上に立ちている人、日に、日に、悪くなりてきているぞ。メグリある金《かね》でも、物でも、持ちていたら、よいように、思うているが、えらい取り違いであるぞ。

（二四六）

どんなメグリある金でも、持っていれば、よいように、思うてござるなれど、メグリある金は、メグリそのものと、わからんか。

（五八三）

メグリと、申すのは、自分のしたことが、自分に、めぐって来《く》ることであるぞ。
（五八八）

一《いち》にも金、二《に》にも金と、申して、人が、難儀《なんぎ》しようが、我《われ》さえ、よけらよいと、
申しているでないか。……
神の面《めん》、かぶりて、口先ばかりで。……
こんな臣民、一人も、いらんぞ。
（一五三）

金《きん》では、世は、治まらんと、申してあるのに、まだ、金、追うている、
見苦しい臣民ばかり。
金は、世をつぶす、本《もと》ぞ。
（七七）

今の政治家に向けて、切々《せつせつ》と「見直し、聞き直し」と呼びかけています。

❖このままでは、日本《にほん》が、つぶされる

世界から、化《ば》け物《もの》、出るぞ。
この中にも、化け物、出るぞ。
よく見分けてくれよ。
取り違《ちが》い、禁物ぞ。……
上《うえ》に立つ番頭殿《ばんとうどの》、下《した》の下まで、目、届けておらんと、日本《にほん》、つぶれるぞ。
つぶれる前に、そなたたちが、つぶれるのざぞ。
早《はよ》う、改心《かいしん》して、真《まこと》の政治、仕えまつれよ。
（四六五）

上の臣民、このままで、何とか、かんとか、行《い》けるように、思うているが、
その心、我《われ》よしざぞ。
（二四九）

今の政治は、貪《むさぼ》る政治ぞ。
神のやり方は、与《あた》えぱなしざぞ。……
今のやり方では、世界は、治まらんぞ。……
貪ると、悪《あく》に、なってくるのぢゃ。（三九九）

どんなこととしても、我さえ、立てばよいように、申しているが、それが、
悪の深き肚《はら》の、一厘《いちりん》ぞ。（八一）

我よしの政治では、ならんぞ。
今の政治経済は、我よしであるぞ。（一五五）

今の経済は、悪の経済と、申してあろがな、もの、殺すのぞ。……
今の政治は、もの、壊《こわ》す政治ぞ。（一七九）

この世の頭《かしら》、致《いた》しているものから、改心、致さねば、下《しも》の苦労、致すが、永《なご》うなるぞ。（三六五）

今の上に立つ人、一つも、真のよいこと、致してはおらん。

これで、世が、治まると、思うてか。

あまりと、申せば、あまりぞ。

神は、今まで、見て、見んふりしていたが、これからは、厳しく、ドシドシと、神の道に、照らして、神の世に、致すぞ。（一八）

何もかも、臣民では、見当、とれんことに、なりてくるから、上の臣民、九十《こと》（言）に、気《き》つけてくれよ。（九七）

今のやり方は、まるで、逆《さか》さまざから、どうにも、ならんから、いつ、気の毒、できても、知らんぞよ。（一〇五）

国、逆立ちしてると、申してあること、忘れずに、掃除《そうじ》してくれよ。（一三六）

人民、うそが、上手《じょうず》に、なったから、なかなか、油断、ならんぞ。下々《しもじも》の神様も、うそ、上手に、なったなぁ。（七五四）

うそのうわぬり、御苦労《ごくろう》ぞ。人民が、いよいよ、お手あげと、いうことに、世界が、行《い》きづまりて、神の働きが、現れるのであるぞ。（黙示三 – 四）

3S《スリーエス》より、わからんから、人民、いつも、悪に、落ち込《こ》むのぢゃ。（三四三）

３Ｓとは、スクリーン・スポーツ・セックスを利用して国民の目を政治から切り離《はな》すという、愚民政策《ぐみんせいさく》のことと思われます。

要するに、私たちを知識や智慧《ちえ》がない状態に、おとしいれ、判断力を奪《うば》う政策のことです。


現在でも、その政策は変わらずに、主に、公共放送や民間放送、ＳＮＳなどの一部のメディア報道が、そのお役の悪を演じています。

このことは、メディア報道を選択《せんたく》的に批判的に見ると、誰《だれ》の目から見ても、ひっくり返っていることが見えてくるようになると思います。

ただし、メディアの中にも、人を大切に考える心ある方もいます。

❖天地《てんち》の大泥棒《おおどろぼう》に、早く、目覚《めざ》めなさい

神の印《しるし》つけた悪《あく》、来《く》るぞ。……

神の国の、今の臣民、気《き》が短いから、しくじるのざぞ。（一五五）

悪は、善の仮面、かぶりて、来るぞ。

入れんところへ、悪が、化けて、入って、神の国を、ワヤにしているのであるぞ。（一八五）

日本に影響《えいきょう》を及《およ》ぼしている海外からの勢力というと、世界的な保健機関や疾病《しっぺい》・医薬品の政府機関、国際的なシンクタンク・情報機関などが考えられます。

ひっくり返っている世界に生きる私たちには、見当がとれないことです。

天地《てんち》の大泥棒《おおどろぼう》を、この世の大将と、思っていて、それで、まだ、目覚《めざ》めんのか。

（三五九）

この世の大泥棒を、高山《たかやま》ぢゃと、申して、この世を、自由に、させておいてよいのか。

元の、元の、元を、よく見極め、中の、中の、中の、見えぬものを、つかまねば、ならんぞ。

（黙示二－六）

わからんものが、上《うえ》に、立つこととなるぞ。
大《だい》グレン、目の前、日本《にほん》のみのことでないぞ。

（黙示一－一）

魔《ま》の仕組《しぐみ》、神の仕組、早《はよ》う、旗印《はたじるし》、見て、悟《さと》りてくだされよ。

（三三九）

❖群集心理《ぐんしゅうしんり》とは、悪神《あくがみ》の、憑《つ》きもの

真《まこと》の神さえ、悪《あく》に、巻き込《こ》まれてござるほど、知らず、知らずに、悪に、なりているのざから、今度の、世の、乱れと、申すものは、五度《ごたび》の岩戸《いわと》閉めざから、見当、とれん。

臣民に、わからんのは、無理、ないなれど、それ、わかりて、もらわんと、結構な御用《ごよう》、務まらんのざぞ。

（二五四）

神界《しんかい》のこと、知らん臣民は、いろいろと、申して、理窟《りくつ》の悪魔《あくま》に、囚《とら》われて、申すが、今度の、いよいよの仕組《しぐみ》は、臣民の知りたことではないぞ。

（二〇九）

現在、人には、全く、見当がとれないことが起こっているのです。

数で決めるなと、申してあろうがな。
群集心理《ぐんしゅうしんり》とは、一時的の、邪霊《じゃれい》の憑《つ》きものぞ。
上から、乱れているから、下《しも》の示し、つかん。
我《われ》よしの、やり方では、世は、治まらん。

（五六七）

この世は、神の国のウツシであるのに、幽界《ゆうかい》から、うつりて来たものの、
自由にせられて、今の体裁、この世は、幽界、同様に、なっているぞ。……
早《はよ》う、気《き》づいた人民から、救《すく》いの舟《ふね》を、出してくだされよ。

（五九四）

神憑《かみがか》りが、たくさんできて来て、訳のわからんことに、なるから、早く、
この道を、開《ひら》いてくれよ。

（三九）

世、迫《せま》って、霊憑《れいがか》りが、ウヨウヨ、出ると、申してある時、来ているのぢゃ。

悪神憑《あくかみがか》りに、迷うでないぞ。

審神《さにわ》せよ。
（六五九）

世界中が、霊憑りと、なると、申してあるのは、今のことであるぞ。

憑《かか》りている世界自身、わからなくなっているぞ。

審神、せねば、ならん。

審神の方法、書き知らすぞ。

世界を、日本《にほん》を、自分を、審神、せねば、ならん。

目に見えぬところからの、通信は、高度のものほど、肉体的には、感応が弱くなり、暗示的と、なるものであるぞ。

ドタンバタン、大声で、どなり散らすのは、下《げ》の下。……

いかにも、もっともらしく、人民の目に、うつるものであるぞ。

（黙示四－三）

高ぶったり、威張《いば》ったり、命令したり、断言したり、高度の神名《かみな》を名乗ったりするものは、必ず、下級霊《かきゅうれい》であるぞ、インチキ霊《れい》であるぞ。（黙示四－五）

現実的な側面から見ると、同じタイミングで、同じ内容のことを、いっきに、いっせいに、たたみかけるように、報道している一部のメディアのことを示していると思われます。

一部の、メディア報道は見ないことが得策のように思います。

霊のオモチャに、なっているもの、多い世の中、大将が、誰《だれ》だか、わからんことになるぞ。（五六八）

夜明け前になると、霊憑りが、ウヨウヨ。

勝手放題に、混ぜくり返すなれど、それも、しばらくの狂言《きょうげん》。（黙示三－一八）

世界、そのものの霊憑り。

日本の霊憑り。

早う、鎮《しず》めんと、手に、負《お》えんこととなるが、見てござれよ。

見事なことを、致《いた》して、御目《おんめ》に、かけるぞ。


（黙示四―一九）


今は、善の神が、善の力、弱いから、善の臣民、苦しんでいるが、今、しばらくの辛抱《しんぼう》ぞ。

悪神《あくがみ》、総がかりで、善の肉体に、取り憑《かか》ろうとしているから、よほど、フンドシしめて、かからんと、負けるぞ。

親や子に、悪の神、憑りて、苦しい立場にして、悪の思う通りにする仕組、立てているから、気をつけてくれよ。

（八六）

❖メディア報道を、信じられる時代は、終わった

悪《あく》を、食うて、暮らさな、ならん、時、近づいたぞ。
悪に、食われんように、悪を、かんで、よく消化し、浄化《じょうか》してくだされよ。
悪は、善の仮面を、かぶっていること、多いぞ。
（黙示七－一三）

金《かね》のために、仮面をかぶった悪に使われないようにということです。

化《ば》け物《もの》に、化かされんよう。
おかげ、落とさんようにしてくだされよ。
（八二二）

我《われ》よしの人民には、いよいよ、わからなくなり、焦《あせ》れば、焦るほど、深みに落ち込《こ》むぞ。
（八二七）

足もとに、気《き》つけよ。……
己の心も、同様ぞ。
百人、千人、万人《まんにん》の人が、よいと、申しても、悪いこと、あるぞ。（一八五）

多くの人の意見やメディア報道でも、悪いことがあると示しています。
以下は、多くの人の意見や一部のメディア報道が、とてもせわしなく、さわがしい状況《じょうきょう》を「鳥」や「花火」にたとえて示しています。

足もとから、鳥が、立つぞ。
鳥立ちて、あわてても、何にも、ならんぞ。
用意なされよ。（二〇）

足もとから、鳥立つと、申してあろが、臣民、火が、ついても、まだ、気づかずにいるが、今に、体に、火、ついて、チリチリ舞《まい》せな、ならんことに、なるから、神、くどう、気つけておくのざぞ。（二二三）

世界中に、面目無いこと、無いよにせよと、申してあろが、足もとから、鳥立ちて、まだ、目覚めんのか。（三三五）

国中、いたるところ、花火、仕掛《しか》けしてあるのぞ。人間の、心の中にも、花火が、仕掛けてあるぞ。いつ、その花火が、破裂《はれつ》するか、わからんであろがな。掃除《そうじ》、すれば、何もかも、見通しざぞ。……動くこと、できんようになるのぞ。（一八七）

衝突《しょうとつ》するものも、出て来《く》るぞ。
他人に、おんぶされたり、車に、乗せられていた人民たちよ。
もう、そのときは、過ぎているのであるから、自分の足で、歩まねば、ならんぞ。
（黙示一―一五）

多くの人の意見や一部のメディアの報道をうのみに信じていい時は、
過ぎたということを示しています。
今は、自分で、判断力をもち、考えなければならない時代なのです。

わからんことは、神示《ふで》に、聴《き》くがよいぞ。
遠慮《えんりょ》、いらん。
（八二七）

第三の扉《とびら》

今、胸突《むなつ》き八丁《はっちょう》、フンドシしめよ

❖「日月神示《ひつくしんじ》」は、コロナを、予言《よげん》していた

大嵐《おおあらし》、目の前。
ここは、まず、苦労。
その苦労に、勝ちたら、己に、勝ちたら、魂《たま》、磨《みが》けるぞ。
だんだんと、楽になって、嬉《うれ》し嬉しとなるぞ。
（四九三）

いよいよの戦《いくさ》ぞ。
フンドシしめよ。
（二六三）

この世、始まって、無いことが、出て来《く》るのぢゃ。
世界の片端《かたはし》、浜辺《はまべ》からぞ。
（八四一）

帰港した豪華《ごうか》客船

2020年2月3日の豆まきの日に、横浜港《よこはまこう》へ帰港した豪華《ごうか》客船ダイヤモンド・プリンセス号の乗客が感染《かんせん》した新型コロナウイルス感染症《かんせんしょう》（以下、コロナ）が話題となりました。

連日、まるで台本があり計画されていたかのような、映画を見ているかのようなニュースが報道されました。


一二三《ひふみ》の仕組《しぐみ》が済みたら、三四五《みよいつ》の仕組ぞと、申してありたが、世の元の仕組は、三四五の仕組から、五六七《コロナ》の仕組と、成るのぞ。

五六七《コロナ》の仕組とは、五六七《ミロク》の仕組のことぞ。

獣《けもの》と、臣民と、ハッキリ、わかりたら、それぞれの本性《ほんしょう》、出すのぞ。

今度は、万劫末代《まんごうまつだい》のことぞ。
（八四）

神示《ふで》は、主に数字や記号で書かれ、どのように読み解くかが重要です。

すぐに、よき世とは、ならんぞ。
それからが、大切ぞ。
胸突《むなつ》き八丁《はっちょう》は、それからぞ。
富士《ふじ》に、登るのにも、雲の上からが、苦しいであろがな。
戦は、雲のかかっているところぞ。
頂《いただき》までの、正味《しょうみ》のところは、それからぞ。
一《いち》、二《に》、三年《さん》が、正念場《しょうねんば》ぞ。
三四五の仕組と、申してあろがな。
（七六）

大峠《おおとうげ》と、成りたら、どんな臣民も、アフンとして、もの言えんことに、
なるのざぞ。
（一二三九）

❖コロナは、大戦《たいせん》に、匹敵《ひってき》する

どこから、どんなこと、できるか、臣民には、わかるまいがな。

一寸先も、見えぬほど、曇《くも》りておりて、それで、神の臣民と、思うているのか。

畜生《ちくしょう》にも、劣《おと》りているぞ。

（八三）

なかなか、そんなチョロコイことではないぞ。……

今に、戦《いくさ》もできない、動くことも、引くことも、進むことも、どうすることも、できんことに、なりて、臣民は、神が、この世に、無いものと、いうようになるぞ。

それからが、いよいよ、正念場《しょうねんば》ぞ。

真《まこと》の、神の民と、獣《けもの》とを、ハッキリするのは、それからぞ。

（六七）

始めは、戦いで、戦で、世の立《た》て替《か》え、するつもりで、あったが、あまりに、曇り、ひどいから、戦ばかりでは、すみずみまでは、掃除《そうじ》、できんから、世界の、家々の、すみまで、掃除するのぢゃから、その掃除、なかなかぢゃから、戦ばかりでないぞ。

（四四五）

人の殺し合いばかりでは、ケリ、つかんのざぞ。今度の負け、勝ちは、そんな、チョロコイことでは、ないのざぞ。トコトンのところまで、いくのざから、神も、総活動ざぞ。

（二四八）

何につけても、大戦《おおいくさ》。人の殺し合いばかりでないと、知らしてあろう。ビックリぢゃ。

（七六三）

人民の戦や、天災ばかりで、今度の岩戸開《いわとひら》くと、思うていたら、大きな
間違《まちが》いざぞ。
戦や天災で、ラチ開《あ》くような、チョロコイことでないぞ。
開《あ》いた口、ふさがらんことに、なりてくるのざから、早《はよ》う、身魂磨《みたまみが》いて、
怖《こわ》いもの、無いように、なっておりてくれよ。
肉体の怖さではないぞ。
魂《たま》の怖さざぞ。
魂の戦や、禍《わざわ》いは、見当、とれまいがな。
（二四三）

この戦は、今までのような、人の殺し合いの戦争ではありません。

「家々のすみまで掃除する」や「人の殺し合いばかりではない大戦《たいせん》」

とは、コロナ禍《か》のことを示しています。

また、コロナ禍の大戦とは、精神的な戦いということが示されています。

❖どんづまりの、闇《やみ》の世となる

臣民の頭では、見当、とれん、無茶な四《よ》（世）になる時、来たのざぞ。
それを、闇《やみ》の世と、申すのぞ。（一八四）

世界の民、みな、一度《いちど》に、改心《かいしん》するように、どんづまりには、致《いた》すのであるなれど、それまでに、一人《ひとり》でも、多く、一時《いちじ》も、早く、改心さしたいのぢゃ。（五二九）

気《き》の毒、できるから、洗濯《せんたく》、大切と、申してあるのぞ。（八四）

今、一《ひと》苦労、二《ふた》苦労、トコトン、苦しきこと、あれど、たえ忍《しの》びてぞ、次の世の、真神代《まことかみよ》の、礎《いしずえ》と、磨《みが》きてくれよ、神身魂《かみみたま》。（一七五）

日本《にほん》の国は、一度、つぶれたように、なるのざぞ。

一度は、神も、仏も、無いものと、みなが思う、世が来《く》るのぞ。

そのときに、おかげを落とさぬよう、しっかりと、神の申すこと、肚《はら》に、入れておいてくれよ。
（九）

どちらの国も、つぶれるところまでに、なるのぞ。

臣民同士は、もう、戦《いくさ》、かなわんと、申しても、この仕組《しぐみ》、成就するまでは、神が、戦は、やめさせんから、神が、やめる訳に、いかんから。

今、やめたら、まだまだ、悪くなるのぞ。
（一五九）

世界中のことであるぞ。

今度は、三千世界《さんぜんせかい》が、変わるのであるから、今までのような、立《た》て替《か》えでは、ないのであるぞ。

（黙示一－一）

どちらの国も、見当、とれんことになるぞ。（五九三）

神は、臣民、楽にしてやりたいのに、楽に狎《な》れて、自分でしたように思うて、神を、無きものにしたから、今度の難儀《なんぎ》と、なってきたのざぞ。（二六二）

何とした取り違《ちが》いで、ありたかと、ジダンダ、踏《ふ》んでも、そのときでは、間に合わんのざぞ。（二三九）

コロナ禍《か》の大戦《たいせん》で、すべての国がつぶれるところまで行《い》くのです。ひっくり返っている今の世の中なので、私たちには、全く見当がとれないことなのです。

❖2020年から、2026年までが、闇《やみ》の世

三年の苦しみ、五年、もがき、七年で、やっと、気のつく人民、多いぞ。
みな、仲よう、相談し合って、力、合わせて、進め進め。
弥栄《いやさか》えるぞ。
二つに、分かれるぞ。
三つに、分かれるぞ。
分かれて、元に、納まる仕組《しぐみ》。
結構結構。
理解大切。
理解結構。
思考しなければ　これからは、何も、できんぞ。

（五二四）

七六《しちむず》かしい年の2020年を1年目として、2022年まで苦しみ、2024年まで、もがき、2026年で、やっと気づく人もいるということを示しています。
ただし、神示《ふで》をよく読めば、大難《だいなん》は小難《しょうなん》にかわります。

三年と、半年、半年と、三年であるぞ。
その間は、暗闇《くらやみ》時代。（黙示一－六）

子《ね》の年、2020年を1年目として、2026年までが闇《やみ》の世となるということを示しています。

これから、三年の苦労ぢゃ。
一年と、半年と、半年と、一年ぢゃ。（四五〇）

この白黒、まだらなときは、長く、つづかん。
最も、苦しいのは、一年と、半年、半年と、一年であるぞ。
（黙示六－十二）

子の年、２０２０年から見て、何が開始されたのかを考えてみると、最初の１年はワクチンの開発、次の半年はワクチン接種の開始、次の半年は行《い》き詰《づ》まり、最後の１年はその結果を示しています。
そして、最も苦しいのは、２０２２年までと受け取りました。

どうにも、こうにも、手、つけられまい。
この世は、浮島《うきしま》ぞ。
人民の心も、浮島ぞ。
油断禁物。
（五五一）

❖流行病《りゅうこうびょう》は、悪神《あくがみ》の仕業《しわざ》

心せよ。
雨、風、岩、いよいよ、荒《あ》れの時節《じせつ》ぢゃ。
世界に、何とも、いわれんことが、病も、わからん病が、激しくなるぞ。
（五六五）
流行病《はやりやまい》は、邪霊《じゃれい》集団の仕業《しわざ》。
今に、わからん病、世界中の病、激しくなるぞ。
（黙示七－一四）

邪霊集団とは、P56で示されたように、多くの人や一部のメディア報道がつくる、群集心理《ぐんしゅうしんり》のことをいいます。

今に、病神の仕組《しぐみ》に、憑《かか》りている臣民、苦しむ時、近づいたぞ。

病、流行《はや》るぞ。

この病は、見当、とれん病ぞ。……

このほうの神示《ふで》、よく肚《はら》に、入れて、病、追い出せよ。

早《はよ》うせねば、フニャフニャ腰《ごし》に、なりて、四《よ》つんばいで、はい回らな、ならんことになると、申してあろうがな。

神の器《いれもの》、ワヤにしているぞ。（一五三）

神示を読めば、コロナは逃げ出すことが示されています。

神の器とは、人の肉体のことを示しています。


病神が、そこら一面に、はびこって、すきさえあれば、人民の肉体に、飛び込《こ》んでしまう計画であるから、よほど、気《き》つけておりてくだされよ。（四〇一）

一部のメディアがつくる、群集心理《ぐんしゅうしんり》

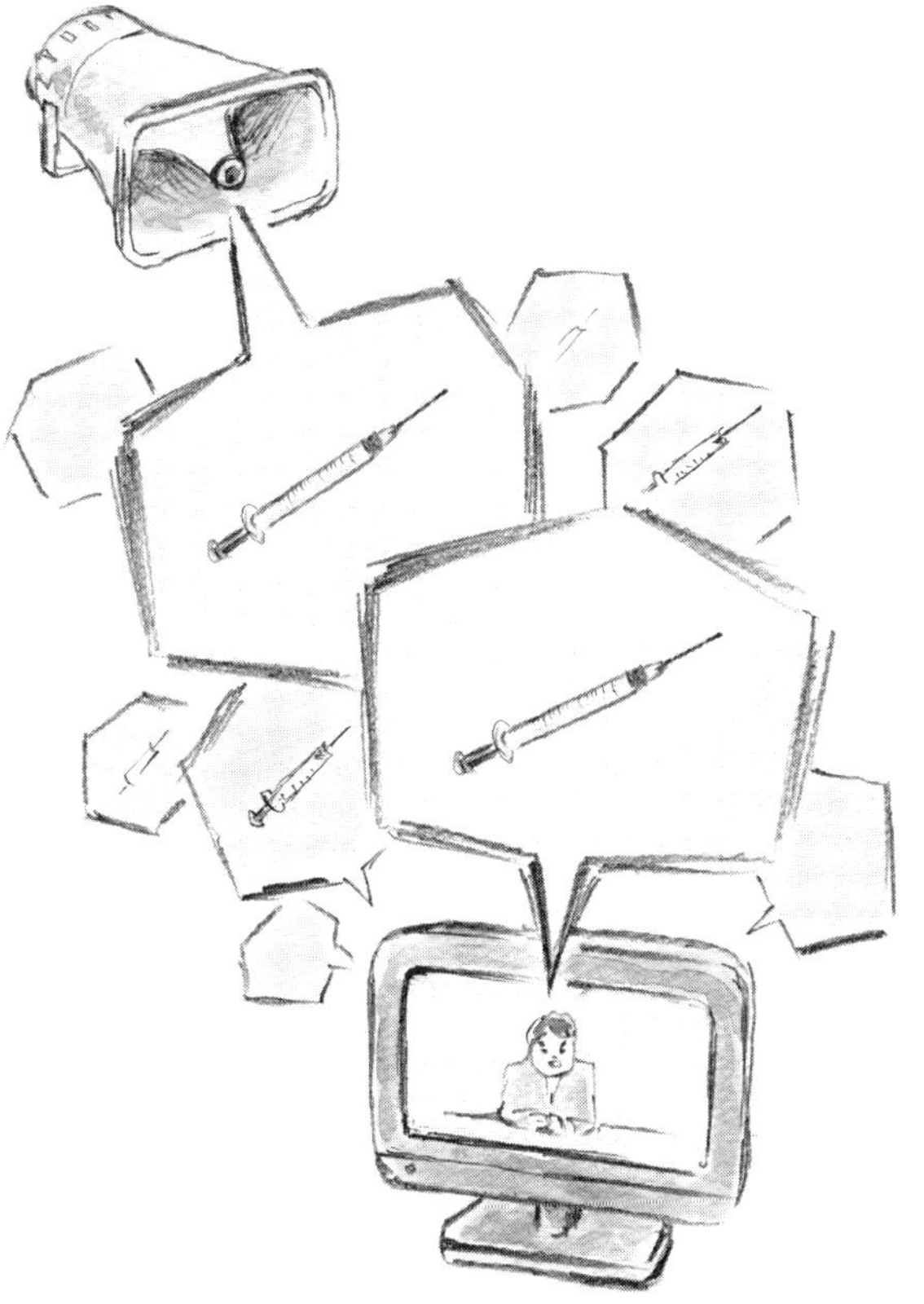

自分でも、わからぬ病に、なっているぞ。

早う、治さぬと、どうにも、ならんことに、なってくるぞ。　（二八一）

一四《いし》（医師）、もの言うぞと、申してありたが、五十《いせ》には、もの言うイシがあると、昔から、知らしてあろうがな。

五《こ》の一四が、もの言うのであるぞ。

開《ひら》けば、五十《ごじゅう》と、成り、五百《ごひゃく》と、成り、五千《ごせん》と、成る。　（黙示一ー一）

多くの医師がメディア報道に出演して、もの言う時を示しています。

身魂磨《みたまみが》けだしたら、病神《やまいがみ》など、ドンドン、逃《に》げ出すぞ。　（二五二）

❖コロナは、ウイルスより、心の問題

元の大神様に、御無礼《ごぶれい》しているから、病神《やまいがみ》に、魅入《みい》られているのぢやぞ。
洗濯《せんたく》、すれば、治るぞ。
（四五三）

戦《いくさ》、恐《おそ》れているが、臣民の戦くらい、何が、怖《こわ》いのぞ。
それより、己の心に、巣食うてる悪《あく》の御魂《みたま》が、怖いぞ。
（八七）

世界の戦争《いくさ》、天災、みな、人民の心からなり。
（四一八）

ウイルスは、万病のもとなので、こじらせると危険です。

ただし、コロナ禍《か》の大戦《たいせん》は、ウイルスの問題よりも、心の問題のほうがより大きいことを示しています。

❖「日月神示《ひつくしんじ》」には、現在の状況《じょうきょう》、そのままが、書かれている

向こうの国には、まだまだ、ドエライ仕組《しぐみ》、しているから、今のうちに、神の申すこと、聞いて、神国《かみぐに》は、神国の、やり方にしてくれよ。（二四八）

まだまだ、悪魔《あくま》は、えらい仕組、しているぞ。

神の国、千切《せんぎ》りと、申してあるが、たとえではないぞ。（三五）

神の国を、千切りして、膾《なます》にする悪《あく》の仕組は、わかりておる。（二八）

千切りにする仕組とは、ステイホームやソーシャル・ディスタンス、テレワーク、アクリル板の仕切り設置などにより、人との交流を断たせ、その機会をうばうことを示しています。

今に、大き息も、できんことになると、知らせてあろうが、その時、来たぞ。
（黙示七－一五）

不織布《ふしょくふ》マスクによって、息ができにくくなることを示しています。
深い呼吸ができないと、酸素不足により、自然免疫《めんえき》力が低下します。
マスクをすることは、決して、神様の望んでいることではありません。

顔まで、変わっているのに、まだ、気《き》づかんのか。
病気に、みなが、なっているのに、まだ、気づかんのか。
（六四〇）

マスクで顔をおおうことにより、表情がとぼしくなり、表情筋が
おとろえ、笑顔が無くなっていることを示しています。

人力屋、酒屋《さかや》、料理屋、芸妓屋《げいこや》、娼妓《しょうぎ》、無く、致《いた》すぞ。（四六八）

予測もつかなかったことですが、緊急《きんきゅう》事態宣言などにより、現実のものと成りつつあります。

人民、もの言えんことになると、申してありたこと、近《ちこ》うなったぞ。手も、足も、出んこと、近《ちか》づいたぞ。神が、致すのでない。人民自身で、致すこと、わかりてくるぞ。人民の学や知では、何とも、判断、できんことになるぞ。（黙示三－四）

ものを言うと、反対意見に対しては、デマや陰謀論《いんぼうろん》、うそなどと一言でかたづけられて、議論ができない時代のことを示しています。

今に、チリチリ、バラバラに、一時は、なるので、あるから、その覚悟《かくご》、よいか。

（三三四・誤三三八）

早《はよ》う、目覚めて、毛嫌《けぎら》い、致さず、仲よう御用《ごよう》結構ぞ。

（四〇三）

今の私たちには、仲良く、相談し、話し合い、議論し、判断力をやしなうことが大切なのです。

みな、病気に、なりていること、わからぬか。

一二三祝詞《ひふみのりと》で、治してやれよ。

神示《ふで》、読みて、治してやれよ。

（二八一）

第四《し》の扉《とびら》　薬は、毒に、なることもある

❖２０２０年からは、薬などの、見極めが必要

➘（元）の神の薬のやり方、悪《あく》の神の毒のやり方と、成るぞ。（三四三）

闇《やみ》の世の子《ね》の年、２０２０年以降の薬は、元の神様の薬とは違《ちが》うということを示しています。

薬、呑《の》んで、毒死せんように、気《き》つけよ。
今は、世間では、何事も、わからんから、疑うのも、無理、無いなれど。（四八九）

薬、毒と、なること、あると、申してあろうが。
バカ正直、真《まこと》の道、見失うこと、あると、申してあろうが。（五四〇）

薬、飲んで、毒死せんように、致《いた》しくれよ。
薬は毒、毒は薬ぢゃ。
大峠《おおとうげ》にも、上りと、下りとあるぞ。
バカ正直、ならん。
（黙示七−七）

宿命《しゅくめい》は、宿されたもの。
一つの、ワクに、入っているのであるぞ。
（六九〇）

「ワク」は、枠《わく》とワクチンの掛《か》け詞《ことば》になっています。

人民の邪気《じゃき》が、凝《こ》りて、天にも、地にも、訳のわからん虫、湧《わ》くぞ。（三二三）

我《が》の虫が、生まれてくるぞ。
我の病に、なってくるぞ。
その病は、自分では、わからんぞ。
訳のわからん、虫、ワクぞ。
訳のわからん病、流行《はや》るぞと、申してあるが、そのことぞ。
肉体の病ばかりでないぞ。
心の病、激しくなっているから、気つけてくれよ。
人々にも、そのことを知らせて、ともに、栄えてくれよ。

（八一七）

この「ワク」は、湧くとワクチンの掛け詞です。
ワクチンを打つことによって、病気が流行することが示されています。

人民、自分で、首、くくるようなことに、なるのざぞ。

（三三八）

今の臣民、自分で、自分の首、くくるようにしているのぞ。

手は、頭の一部ぞ。（一三七）

八九《ワク》の次は、十（十字架《じゅうじか》）であるぞよ。

何事も、裏腹と、申してあろが、人が、人がと、思っていたこと、我《われ》のことで、ありたであろがな。

よく神示《ふで》、読んでおらんと、キリキリ舞《まい》、せんな、ならんぞ。（三三六）

私は、今までワクチン推奨《すいしょう》派で、子どもの頃《ころ》から、ワクチン接種がいいものだと信じて定期的に打ち続けてきました。

しかし、これらの神示により、打ち続けていると本来の肉体がもたなくなると思い、今後はワクチン接種をしないことにしました。

今の科学では、わからん。
一万年や三万年の、人間の地上的学では、わからんこと。
（黙示三－四）

血は、霊《れい》であるぞ、神であるぞ。
血、にごしては、ならんぞ。……
黄金《こがね》は、黄金の血。
白銀《しろがね》は、白銀の血。
黄金、白銀、混ぜ混ぜて、別の血、つくっては、ならんのぢゃ。……
混ぜることは、乱すことざぞ。
学は、この大事な、血、乱すように、仕組《しぐみ》ているのざぞ。
それが、よく見えるようにしたのは、悪神《あくがみ》ざぞ。
人民の目、くらましているのぢゃぞ。
（四四二）

邪道的《じゃどうてき》要求を入れて、一時的に、病気を治すと、それに、倍して、ブリ返すぞ。
（黙示四－一七）

この神示のとおり、ワクチン接種率の高い国ほど、実際に、コロナが流行している現状があります。

一時的に病気を治す方法として薬やワクチンに頼《たよ》ることは、やめたほうが得策といえそうです。

私のように、ワクチン接種をしてきた方も、今後はワクチン接種をしないほうがいいと、この神示から読み解けます。

ここで示したことをデマと一笑《いっしょう》することなく、判断力のある方と、仲よく、語り合ってみてください。

❖自然免疫力《めんえき》を、大切に、育てること

イシヤ（医者）の仕組《しぐみ》に、憑《かか》りて、まだ、目覚《めざ》めん、臣民ばかり。……今度は、神が、有るか、無いかを、ハッキリと、神力《しんりき》、見せて、イシヤも、改心《かいしん》さすのぞ。（五八）

臣民、イシ（医師）に、噛《かじ》りついても、やらねば、ならんぞ。その代わり、今後は、万劫末代《まんごうまつだい》のことざから、いつまでも、かわらん真《まこと》の神徳《しんとく》、与《あた》えるぞ。（二四八）

合《あい》カギ。……
このカギは、イシヤ（医者）と確《しか》、手、握《にぎ》ることぞ。（六四）

人の命を大切に思う医者と、しっかりと、手を結ぶことです。
また、薬やワクチン頼《だよ》りではない医者を応援《おうえん》することです。

一四三〇（病様《びょーさま》）、一四三〇、改心、早《はよ》う、結構ぞ。……
人の世に、うつりて、正《せい》と見え、邪《じゃ》と見えるのぢゃ。
人の道へ、うつるときは、曇《くも》りただけの、レンズ、通すのぢゃ。
レンズ、通して、もの見ると、逆立ちするぞ。
神に、善と、悪、あるように、人の心に、うつるのぢゃ。
レンズ、はずせよ。
レンズ、はずすとは、神示《ふで》、読むことぞ。

（五四一）

神が、臣民の、心の中に、宝、いけておいたのに、悪《あく》に、負けて、穢《けが》して
しもうて、それで、不足、申していることに、気《き》づかんか。（一五三）

道しるべを、つくりおくぞ。
これが、喜びの道ぢゃ。
人民の命《いのち》を、正しく、育てることが、一番の喜び。
人民と、申すものは、神の喜びの、全き、現れであるぞ。
いくら、穢れても、元の神の、根元神《こんげんしん》のキを、受けているぞ。
それを、育てることぢゃ。（六六四）

神様は、人に、自然免疫《めんえき》力を与えたということを示しています。
病気を必要以上に怖《こわ》がらずに、日々、喜ぶことによって、命を育て、
自然免疫力を高めて行《い》く道があるということを示しています。

❖多くの人が、悪神《あくがみ》に、だまされている

神の国であるのに、人民、近欲《ちかよく》なから、渡《わた》りて来《こ》られんものが、渡り来《き》て、ワヤに、致《いた》してしもうているのに、まだ、近欲ざから、近欲ばかり、申しているから、あまりわからねば、わかるように、致すぞ。（三七〇）

真《まこと》の神さえ、魔神《まがみ》の罠《わな》に、かかってござるのぢゃ。人民が、だまされるのも、無理、ないようなれど、だまされていては、今度の御用《ごよう》は、成就せんぞ。（黙示二－二）

正直だけでは、神の御用、務まらんぞ。裏と、表とあると、申して、気《き》つけてあろがな。しっかり、神示《ふで》、読んで、スキリと、肚《はら》に、入れてくれよ。（六九）

お人よしでは、ならんぞ。

それは、善人では、ないのざぞ。

神の臣民ではないぞ。（一三〇）

お人よしの方は、「大切な人や家族を守るために」という理窟《りくつ》に弱いものです。

まずは、そのような言葉をうのみにすることなく、批判力をもって精査したうえで、受け入れるかどうかの判断が必要です。


そなたは、動機が、善ならば、失敗は、薬と、我《われ》の都合のよいように、我と、我を、弁解してござるなれど、弁解したのでは、薬に、ならん。

毒と、なること、有るぞ、省みよ。（八四六）

自分の目で、見たのだから、間違《まちが》いないと、そなたは、我《が》を、張っておるなれど、それは、ただ、一方的の真実であるぞ。

独断は、役に立たんぞと、申してあろうが、見極めた上にも、見極めねば、ならんぞ。

（八四二）

犠牲《ぎせい》に、倒《たお》れては、ならん。

己を、生かすために、他《た》を、殺すのもいかん。

己、殺して、他を、生かすのもいかん。

大の虫を、生かすため、小の虫を、殺すことは、やむを得んことぢゃと、申したり、教えたりしているが、それも、ならんぞ。

すべてを、殺さずに、みなが、栄える道が、有るでないか。

なぜに、神示を、読まぬのぢゃ。


（八二〇）

❖分断ではなく、相談することが大切

今に、敵か、味方か、わからんことに、なりてくるのざぞ。（一六四）

上《うえ》の人、苦しくなるぞ。
途中《とちゅう》の人も、苦しくなるぞ。
お上《かみ》のいうこと、聞かん世に、成るぞ。（一三九）

我《われ》が、助かろと、思うたら、助からぬのざぞ。
その心、我よしざぞ。
身魂磨《みたまみが》けた人から、救うてやるのざぞ。（一五九）

この世の動きが、わからんのは、我よしざからぞ。（黙示二－九）

非常の利口な、臣民・人民、アフンでござるぞ。
今に、キリキリ舞《まい》するのが、目に、見えんのか。
（三四一）

今までの教えでは、マボロシぞ。
力、無いぞ。
（六二八）

マボロシとは、人間知恵《ちえ》のこと、理窟《りくつ》のことぢゃ。
理窟とは、悪《あく》の学《がく》のことぢゃ。
道で、なければならぬ。
（六二八）

理窟は、一方的のものぞ。
どんな理窟も、成り立つが、理窟ほど、頼《たよ》りないもの、力に、ならんもの、ないぞ。
（六二一）

悪は、善の仮面、かぶって、心の中に、食い入っているぞ。
仮面が、理窟。
理窟は、隠《かく》れみの。
（五七二）

理窟、捨てよ。
捨てて、やってみなされ。
みなみな、気《き》づかん道、気づかん病に、なっているぞ。
（七八七）

「気づかん病」とは、連日の一部のメディア報道によって、多くの人が精神的に患《わずら》っているということを示しています。

理窟で、進んで行くと、しまいには、共食いから、我と、我を、食うことになるぞ。
（六三一）

味方同士が、殺し合うとき、一度は、あるのざぞ。……チリチリ、バラバラに、なるのざぞ。（一九五）

人と人が分断されるということを示しています。その代表例が、一部のメディア報道を信じる派と信じない派といえます。

日本《にほん》も、神と、獣《けもの》に、分かれているのざから、否《いや》でも、応でも、騒動《そうどう》と、なるのざぞ。（一七四）

みな、仲よう相談して、悪きことは、気つけ合って、やりてくだされ。（三三九）

ゴタゴタ、なかなか、鎮《しず》まらんぞ。

神の臣民、フンドシしめて、神の申すこと、よく肚《はら》に、入れておいてくれよ。ゴタゴタ、起こりたとき、どうしたらよいかと、いうことも、この神示《ふで》、よく読んでおけば、わかるようにしてあるのざぞ。（一一三）

天晴《てん》れて、神の働き、いよいよ、激しくなりたら、臣民、いよいよ、わからなくなるから、早《はよ》う、神心《かみごころ》に、なりておりてくだされよ。（四三）

そなたは、自分一人《ひとり》で、勝手に、苦しんでござるなれど、みなが、仲よう、相談なされよ。

相談、結構ぢゃなあ。

相談して、悪いことは、気つけ合って、進んでくだされよ。（八二六）

❖コロナを、無くそうとしても、無くならない

これだけに、世界に、荒事《あらごと》をさして、見せて、神示《ふで》通りに、出て来ても、
まだ、目覚《めざ》めんのか。（五一五）

病を、殺してしもうて、病を、無くしようとて、病は、無くならんぞ。
病を、浄化《じょうか》しなければ、ならん。（八一七）

コロナは、無くそうとしても、無くならないことを示しています。
浄化とは、**自然集団免疫《めんえき》**をつけるということを示しています。

これまでの、やり方、スックリと、変えねば、世は、治まらんぞ。（一三九）

❖2022年は、最も、苦しい、ギリギリの年となる

知らしてありたこと、日々《にちにち》、ドシドシと、出て来《く》るぞ。
我《われ》よし、捨ててくれよ。

（二〇六）

我の身体、我に、自由に、ならぬ、時、来たぞ。
神に、すがるより、仕方、なくなって、すがったのでは、間に合わんぞ。

（三〇一）

今度こそ、猶予《ゆうよ》、ならんのざぞ。
ギリギリであるから、用意なされよ。
三、四月、気《き》つけよ。
キ、きれるぞ。

（三四九）

❖どのようなことがあっても、死、急いではならない

一日《いちにち》に、十万人、死にだしたら、神の世が、いよいよ、近づいたのざから、よく世界のことを見て、みなに、知らしてくれよ。（二五）

コロナが直接的な原因となって亡くなることは、ほぼありません。

しかし、ひっくり返っている世の中では、直接的原因が何であれ、コロナが陽性であれば、コロナ死としてカウントされてしまうのです。

このときにこそ、フンドシをしめて、悪《あく》の誘惑《ゆうわく》には負けないことがとても重要になります。


一人《ひとり》でも、多く、助けたさの、日夜の苦心であるぞ。（黙示一－七）

一日も、早く、一人でも、多く、助けて、やりたいのぢゃ。

（三五六）

人民、四《よ》つんばいやら、逆立ちやら、ノタウチに、一時《いっとき》は、なるのであるぞ。

（黙示補－五）

目も、鼻も、開けておられんことが、立《た》て替《か》えの、真っ最中になると、出て来《く》るぞ。

（五〇九）

死んで、生きる人と、生きながら、死んだ人とできるぞ。
神のまにまに、神の御用《ごよう》、してくれよ。

（三五）

死んでから、また、よみがえられるように、死んでくだされよ。
真《まこと》を、心に、刻みつけておりてくだされよ。

（黙示六－一二）

ミロク、出《い》づるには、始め半《なか》ばは、焼くぞ。
人、二分《にぶ》は、死。
みな、人、神の宮《みや》と、成る。（一二八）

人の苦しみ、見て、それ、見たことかと、申すような、守護神《しゅごじん》に、使われていると、気《き》の毒できるぞ。（三四三）

どんなこと、あっても、死、急ぐでないぞ。（二〇四）

そなたは、お先、真っ暗ぢゃと、申しているが、夜明けの前は、暗いものぞ。
暗い闇《やみ》のあとに、夜明けが来《く》ること、わかっているであろう。（八二四）

❖死ぬときは、死ぬことが、弥栄《いやさか》

死んでも、自分は、生きているのであるぞ。大我《たいが》に、帰《き》したり、理法《りほう》に、とけ入《い》ったりして、自分と、いうもの、無くなるのでないぞ。

霊界《れいかい》と霊《れい》と、現界《げんかい》と現身《げんしん》とのことは、くどう、説いてあろうが。神示《ふで》、読め読め。大往生《だいおうじょう》の道。

（七三八）

あちらに一人《ひとり》、こちらに一人と、いう風に、残るくらい、酷《むご》いことに、せならんように、なっているのざから、一人でも、多く助けたい親心くみ取りて、早《はよ》う、言うこと、聞くものぢや。

（五〇四）

あの子を産んで、この子を産んで、去ったのであるぞ。

その中に、一人だけ、よくない子ができた。

その子には、海の藻草《もぐさ》や、山の菜、野菜を、食べさせてくれよ。

だんだん、よい子になるぞ。（黙示七—一）

三分《さんぶん》の一《いち》の人民になると、早うから、知らせてありたことの、実地《じっち》が、始まっているのであるぞ。

何もかも、三分の一ぢゃ。

大掃除《おおそうじ》して、残った三分の一で、新しき御代《みよ》の礎《いしずえ》と致《いた》す仕組《しぐみ》ぢゃ。（黙示一—七）

死ぬときには、死ぬのが、弥栄《いやさか》ぞ。（八二七）

ここでいう弥栄とは、あの世へ行き、いよいよ栄えるという意味です。

❖新しき生命が、生まれつつある

大掃除《おおそうじ》、激しくなると、世界の人民、みな、仮死の状態と、なるのぢゃ。掃除《そうじ》、終わってから、因縁《いんねん》の御魂《みたま》のみを、神が、つまみ上げて、息吹《いぶ》き返して、ミロクの世《よ》の人民と、致《いた》すのぢゃ。因縁の御魂には、神の印《しるし》がつけてあるぞ。

（黙示補－四）

「仮死の状態」とは、死ぬほどの精神状態になることを示しています。

今の肉体のままでは、人民、生きては、ゆけんぞ。一度は、仮死の状態にして、魂《たま》も、肉体も、半分のところは、入れかえて、ミロクの世の、人民として、よみがえらす仕組《しぐみ》。心得なされよ。

（黙示七－一五）

今までのような物質でない、物質の世と、成るのであるぞ。（黙示三－一二）

物質は、物質として変わりませんが、人の考え方が変わるということを示しています。

真《まこと》でもって、洗濯《せんたく》すれば、霊化《れいか》、される。半霊半物質《はんれいはんぶっしつ》の世界に、移行するのであるから、半霊半物の肉体と、ならねば、ならん。（黙示七－一六）

「半霊半物の肉体」とは、今の肉体と変わりませんが、こちらも、考え方が変わるということを示しています。

灰になる肉体で、あっては、ならん。
原爆《げんばく》も、水爆《すいばく》も、ビクともしない肉体と、なれるのであるぞ。
今の物質でつくった、何ものにも、影響《えいきょう》されない新しき生命が、生まれつつあるのぞ。
岩戸開《いわとびら》きとは、このことであるぞ。

（黙示七－一六）

「ビクともしない肉体」とは、私たちの考える肉体のことをいっているのではなく、そのような考え方があるということを示しています。

第二の扉《とびら》から、ここまでに闇《やみ》の世と示されている２０２０年から２０２６年のコロナ禍《か》の大戦《たいせん》のことを主に取りあげてきました。
このようなことが起きないように、すべてがはずれるように、大難《だいなん》が小難《しょうなん》になるように、日々、私たちは祈《いの》るしかありません。

❖太陽の、日差しを、浴びなさい

今の臣民、日をいただかぬから、病に、なるのざぞ。（一四六）

緊急事態宣言下《きんきゅうじたいせんげんか》などでは、外出の自粛《じしゅく》が要求されます。

そのため、太陽の日差しを浴びることが少なくなってしまいます。

これでは、自然免疫力《めんえきりょく》が下がることは当然の話といえます。

できるだけ、外出して、日を浴びることが大切です。


現在のひっくり返っている世の中で、できるだけ外出するように促《うなが》すと不謹慎《ふきんしん》といわれてしまいそうです。

しかし、私たちの命を育てるのは、私たち自身です。

神示《ふで》で、太陽の日差しを浴びないと、病気になると示されています。

❖鼻は、素盞鳴《すさなる》の大神《おおかみ》様の、大切な象徴《しょうちょう》

素盞鳴《すさなる》の大神《おおかみ》様、鼻の神様、嗅《か》ぎなおし、ないぞ。
嗅ぎの誤りは、ないのざぞ。
人民でも、嗅ぎの間違《まちが》い、ないのざぞ。
鼻の誤り、ないのざぞ。

（三六六）

マスクをつけなくても、鼻で息をすることに間違いはないということを示しています。

鼻は、『古事記《こじき》』に書かれていることですが、素盞鳴の大神（須佐之男命《すさのおのみこと》）の大切な象徴なのです。

少なくとも、屋外ではマスクをはずし、鼻を出すことをおすすめします。

❖お土は、神様の肉体

お土、踏《ふ》ましていただけよ。
足を、きれいに、掃除《そうじ》、しておけよ。
足、汚《よご》れていると、病になるぞ。
足から、お土の息が、入るのざぞ。
臍《へそ》の緒《お》のようなものざぞよ。
（一三六）

もう、どうにも、人間の力では、できんように、なったら、お土に、呼びかけよ、
お土に、まつろえよ。
お土は、親であるから、親の懐《ふところ》に、帰りて来いよ。
嬉《うれ》し嬉しの、元のキ、よみがえるぞ。
（四〇一）

お土は、神の、肉体ぞ。
臣民の、肉体も、お土から、できているのぞ。
このこと、わかりたら、お土の、尊《とうと》いこと、よくわかるであろがな。（九二）

できれば、はだしに、なって、お土の、上に立ちて、目をつむりて、足にて呼吸せよ。（四六八）

知らず知らずのうちに、空中に飛んでいるマイクロ波やスマートフォンなどの電磁波が体にたまって、体に悪い影響《えいきょう》を与《あた》えるという話を聞きます。

そのようなときに頼《たよ》りとなるのが、お土を素足で踏ませていただくということです。

❖松と、ヨモギは、神様からの、贈《おく》り物

火と、水と、組み組みて、土が、できたのであるぞ。
土の饅頭《まんじゅう》の上に、始めに、はえたのが、松であったぞ。
松は、元のキ（木）ざぞ。
松、植えよ。
松、供えよ。
松、神籬《ひもろぎ》とせよ。
松、玉串《たまぐし》とせよ。
松、食《お》せよ。
（三〇七）

神様の肉体であるお土から始めにはえた木というほどに、松は重要な木ということを示しています。

松、食せよ。
松、食せば、わからん病、治るのぢゃぞ。　（三四八）

わからん病とは、コロナなどの万病《まんびょう》のもとのことを示しています。
こじらせる前に、普段《ふだん》から、予防が大切です。

神、もろもろ、ヨモに開《ひら》く、成る、世の道。
ことごとくの道、見出《みい》づぞ。　（一八〇）

ヨモは、四方《よも》と蓬《ヨモギ》の掛《か》け詞《ことば》になっています。

蓬《よも》の国、笑《え》み集うらし、真中《まなか》の国に。　（黙示四－一）

これが、私たちの生活様式

蓬莱《ほうらい》の国に、不老長寿《ふろうちょうじゅ》の妙薬《みょうやく》が有るという伝説があります。
蓬莱を漢字の意味から解釈《かいしゃく》すると、ヨモギの草むらということになります。

ヨモの国々、治《しろ》し食《め》す、寿命大神《すめおおかみ》の智《ち》の道。……
御空《みそら》に、フトマニ、百草《ももぐさ》の、堅磐《かきは》も、競いかも。
寄り集う、真《まこと》、一つの、神の世ぞ。……
草、ものいう世と、鳴りう成り。

（三七七）

現在、病気が流行している一つの要因として、コロナ禍《か》により、私たちの生活様式が変わったことがあげられます。
私たち一人《ひとり》一人の力で、なるべく早く、新しい生活様式を手に入れたいものです。

第五の扉《とびら》　悪《あく》の総大将《そうだいしょう》、天変地異《てんぺんちい》、一厘《いちりん》

❖悪《あく》の総大将《そうだいしょう》の、陰謀《いんぼう》は、失敗に終わる

まだまだ、大き戦《いくさ》、激しきぞ。
これで、世、よくなると、思っていると、大間違《おおまちが》いと、なるのざぞ。
これからが、フンドシざぞ。
よき世と、成れば、フンドシ、いらんのざぞ。

（三五〇）

金《きん》で、世を治めて、金で、つぶして、地固めして、ミロクの世《よ》と、致《いた》すのぢゃ。
三千世界《さんぜんせかい》のことであるから、ちと早し遅《おそ》しはあるぞ。

（五七〇）

金では、治まらん。
悪《あく》の総大将《そうだいしょう》も、そのこと、知っていて、金で、世を、つぶす計画ざぞ。

（四五二）

北も、南も、東も、西も、みな、敵ぞ。

敵の中にも、味方あり。

味方の中にも、敵、あるのぞ。（四〇）

悪の総大将は、奥《おく》に、隠《かく》れてござるのぞ。

一《いち》の大将と、二《に》の大将とが、大喧嘩《おおげんか》すると、見せかけて、世界を、ワヤにする仕組《しぐみ》。

もう、九分通《くぶどお》り、できているのぢゃ。（六三二）

世界的な保健機関や疾病《しっぺい》・医薬品の政府機関、国際的なシンクタンク・情報機関などの奥には、桁外《けたはず》れの超巨大金融《きんゆう》財団があると示しています。

超巨大金融財団は、戦争を起こして利益を上げ続けているのです。

ここでも、ひっくり返っている世界の中では見当がとれないことです。

人の殺し合いで、この世の、立《た》て替《か》えできると、思うているのも、悪の守護神《しゅごじん》ざ。
肉体、いくら、滅《ほろ》ぼしても、よき世に、ならんぞ。
魂《たま》は、鉄砲《てっぽう》では、殺せんのざぞ。……
いくら、外国人《がいこく》、殺しても、日本人《にほん》、殺しても、よき世は、来ないぞ。……
見てござれ。
善一筋《ぜんひとすじ》の、与《あた》える政治で、見事、立て替えてみせるぞ。
和合せんと、真《まこと》の、おかげ、やらんぞ。
（三六四）

貪《むさぼ》る政治から、与える政治にすることを示しています。

時節《じせつ》が、何もかも、返報《へんぽう》返しするぞ。
（一八九）

自由も、共産も、とも倒《だお》れ。
（黙示三－一一）

人民の心、悪くなれば、悪くなるのざぞ。

善くなれば、善くなるのぞ。

理窟《りくつ》、悪と、申してあろが、悪の終わりは、とも食いぢゃ。

とも食いして、とも倒れ。

理窟が理窟と、悪が悪と、とも倒れになるのが、神の仕組ぢゃ。（三四四）

これほど、ことわけて、申しても、得心《とくしん》、できないのならば、得心のゆくまで、思うままに、やりてみなされよ。

そなたは、神の中に、いるのであるから、いくら、暴れまわっても、神の外には、出られん。

死んでも、神の中に、いるのであるぞ。（八四〇）

今に、世界の臣民・人民、誰《だれ》にも、わからんように、なりて、上げも、下ろしも、ならんことに、なりてきて、これは、人民の頭や力で、やっているのでないのざと、いうこと、ハッキリしてくるのざぞ。どこの国、どんな人民も、なるほどなあと、得心《とくしん》のゆくまで、ゆすぶるのであるぞ。（四〇二）

神の力が、どんなにあるか。今度は、一度《いちど》は、世界の臣民に、見せてやらねば、納まらんのざぞ。世界、ゆすぶりて、知らせねば、ならんように、なるなれど、少しでも、弱く、ゆすりて、済むようにしたいから、くどう、気《き》つけているのざぞ。（一二六）

最終的に、神様が神の力を発揮して、ゆすぶることが示されています。

悪神《あくがみ》よ。

今までは、思う通りに、始めの仕組通《どお》りに、やれたなれど、もう、悪のきかん時節が、来たのであるから、早《はよ》う、善に、立ち返りてくだされよ。

善の神まで、巻き入れての仕放題。

これで不足は、もう、あるまいぞや。
（五九一）

悪神よ。

日本の国を、ここまで、よくも、穢《けが》したな。

これで、不足は、あるまいから、いよいよ、このほうの、仕組通りの、トドメに、かかるから、精一杯《せいいっぱい》の御力《おんちから》で、かかりてござれ。

（三〇九）


悪神とは、悪い人のことも含《ふく》んでいます。

悪い人も、改心《かいしん》すれば、善に立ち返ることができるのです。

外国の悪の三大将《さんだいしょう》よ。……
この神の国には、世の元からの生神《いきがみ》が、水も漏《も》らさぬ仕組、してあるから、
いざ出て参りて、得心、ゆくまで、かかりてござれ。……
改心《かいしん》さして、万劫末代《まんごうまつだい》、口舌《くぜつ》、無い世に、致《いた》すぞよ。

（二四四）

今の、どさくさに紛《まぎ》れて、悪魔《あくま》は、まだ、えらい仕組、致して、上《うえ》に、
あがるなれど、上に、あがりきらんうちに、グレンぞ。
せめて、三日《みっか》、天下《てんか》が、取れたら、見ものであるなれど、こうなることは、
世の元から、わかっているから、もう、無茶なことは、許さんぞ。
軽いものほど、上に、上に、あがって、来《く》るぞ。
仕組通り、なっているのざから、臣民、心配するでないぞ。

（三四三）

悪は、上にあがりきらないうちに、ひっくり返ることを示しています。

❖富士《ふじ》の大噴火《だいふんか》は、小噴火《しょうふんか》にできる

いよいよと、なりたときには、神が、真《まこと》の神力《しんりき》、出して、天地《てんち》、ゆすぶって、トコトン、降参《こうさん》ざと、申すところまで、ギュウギュウと、しめつけて、万劫末代《まんごうまつだい》、いうこと、聞きますと、改心《かいしん》するところまで、ゆすぶるから、神の国、神の臣民、心配、致《いた》すでないぞ。心、大きく、御用《ごよう》、してくれよ。どこにいても、御用、している、臣民、助けてやるぞ。

（二二〇）

雨、つづくぞ。
火の災《わざわ》い、有るぞ。
水の災い、有るぞ。

（二八七）

富士《ふじ》を、開《ひら》くとは、心に、神を、満たすことぞ。

（五）

富士とは、神の山のことぞ。
神の山は、みな、二二《ふじ》（富士）と、いうのぞ。

（五）

富士は、神の山ざ。
いつ、火を、噴《ふ》くか、わからんぞ。
神は、噴かんつもりでも、いよいよと、なれば、噴かな、ならんことがある。

（二一）

大地震《だいじしん》、火の雨、降らしての、大洗濯《だいせんたく》であるから、一人《ひとり》、逃《のが》れようとて、神でも、逃れることは、できんぞ。
天地《てんち》、混ぜ混ぜと、なるのぞ、ひっくり返るのぞ。

（黙示補－五）

富士は、いつ、爆発《ばくはつ》するのぞ。
どこへ、逃げたら、助かるのぞと、いう心、我《われ》よしぞ。
どこにいても、救《すく》うものは、救うと、申してあろが。
（二八五）

生きるも、死ぬるも、神の心のままざぞ。
どこに、どんなこと、していても、助ける人は、助けるのざぞ。
（二〇八）

神の力を、頼《たよ》るより、ほかに、道、無いこと、まだ、わからんか。
（五九三）

悪いこと、待つは、悪魔《あくま》ぞ。
いつ、立《た》て替《か》え、大峠《おおとうげ》が来《く》るかと、待つ心は、悪魔に、使われているのざぞ。
（二六六）

富士、火、噴かぬよう、拝《おろが》みてくれよ。
大難《だいなん》、小難《しょうなん》に、マツリ替《か》えるよう、拝みてくれよ。
（二八九）

大難は、小難にすることは、できるのであるが、無くすることは、できんぞ。
（八三八）

神示《ふで》で、知らしただけで、得心《とくしん》して、改心できれば、大難は、小難と、なるのぢゃ。
やらねば、ならん。
戦《いくさ》は、碁《ご》、将棋《しょうぎ》くらいの、戦で、済むのぢゃ。
（四八五）

怖《こわ》いから、改心するようなことでは、戦が、どうなるかと、申すようなことでは、真の民ではないぞ。

（二〇九）

大難《だいなん》、小難《しょうなん》になる、富士《ふじ》

❖改心《かいしん》すれば、大難《だいなん》が、小難《しょうなん》になる

天変地異《てんぺんちい》を、神の怒《いか》りと、取り違《ちが》い、致《いた》しては、ならん。

太神《ふとかみ》は、愛に坐《ま》しまし、真《しん》に坐しまし、善に坐しまし、美に坐しまし、数《かず》に坐しますぞ。

また、すべてが、喜びに坐しますが、ゆえに、怒りは、無いのであるぞ。

もし、怒りが、出たときは、神の座から、はずれてしまうのであるぞ。

（黙示一－八）

天災地変は、人間の、心のままと、申してあろう。

（六〇三）

真《まこと》の、神の道に、かえさすのざから、今度は、真の生神《いきがみ》でないと、人民、やろうとて、できはせんぞ。

（三三九）

実地《じっち》のことは、実地の、真の、生神でないと、できはせんぞ。
臣民は、お手伝いぞ。（三三八）

実地を、世界一度《いちど》に、見せて、世界の人民、一度に、改心《かいしん》さすぞ。（三六三）

論より、実地、見て、早《はよ》う、改心結構。
何事も、苦労なしには、成就せんのざぞ。（三三九）

実地に、出しては、人民、かわいそうなから、こらえ、こらえて、くどう、申しているなかに、早う、悟《さと》りてくだされよ。（五三五）

言《い》うだけで、聞けば、実地に、出さんでも、よいのぢゃ。
実地には、出したくないのぢゃ。（五三五）

❖外国《がいこく》では、王が、逆《さか》さまに、なっている

王の世が、逆《さか》さまの、王の世に、なっているのを、今度は、元に、戻《もど》すのであるから、そのこと、早《はよ》う、わかっておらんと、一寸の、地の上にも、おれんことになるぞ。（三三九）

外国《がいこく》には、王は、無くなるのざぞ。（一一三）

大峠《おおとうげ》とは、王統《おうとう》、消《け》すのざぞ。（三五一）

天地《てんち》の先祖、元の神の、てんし様が、王の王と、現れなさるぞ。
王の王は、魂《たま》で、御現《おんあらわ》れなされるのざぞ。（三五一）

神と、人民、同じに、なれば、神代《かみよ》ざぞ。

神は、隠身《かくりみ》に。

人民、表に、立ちて、この世、治まるのざぞ。（三五一）

てんしは、奥山《おくやま》に、お出ましぞ。（五七六）

外国の王は、逆さまになっていると示しています。

ここまでを振《ふ》り返ると、外国の王も、政治家も、一部のメディアも、一部の医者も、ひっくり返っているのです。

現在は、人の幸せを考えている人たちが下にいて、自分さえよければいいという人たちが上にいます。

実地《じっち》に出されないためにも、上の人の改心《かいしん》を願います。

実地とは、コロナ禍《か》の大戦《たいせん》も含《ふく》まれますが、主に、天変地異《てんぺんちい》のことです。

❖神示《ふで》が、うそだと、いうところまで、落ちて、神力《しんりき》、現れる

この世に、善と、悪とがあって、どちらで、立ってゆくか。
末代《まつだい》、つづくか。
得心《とくしん》、ゆくまで、致《いた》させて、あったが、もう、悪では、つづかんことが、
悪神《あくがみ》にも、わかってくるのであるから、今、しばらくの、ゴタゴタであるぞ。

（五九三）

今の学者には、今の学しか、わからん。
それでは、今度の岩戸開《いわとびら》きの役には立たん。

（黙示五－二〇）

学も、神力《しんりき》ぞ、神ざぞ。
学が、人間の智慧《ちえ》と、思っていると、とんでもないことになるぞ。

（一八四）

神力と、学力《がくりき》との、いよいよの、力くらべぢゃ。

元の生神《いきがみ》様の、御息吹《おんいぶ》き、どんなに、お力、有るものか。

今度は、目にもの、見せねば、ならんことになったぞ。
（四三九）

神の仕組《しぐみ》は、変わらねど、この世では、人民の心次第で、よくも、悪くも、出て来《く》るのぢゃ。

仕事は、変わらねど、出て来るのが、変わるのざ。

悪く変わると、気《き》の毒、なから、くどう、申しているのぢゃぞ。

（五一〇）


このほうの申したこと、神示《ふで》に、書かしたこと、みな、うそざと、申すところまで、世が、落ちてしもうてから、始めて、神力、現れるのざぞ。
（三四八）

神は、うそつきぢゃと、人民、申しても、悪い予言《よげん》は、うそにしたいので、日夜の苦労、こらえられるだけ、こらえているのである。（七九四）

悪くいわれるのが、結構ぞ。

何といわれても、ビクつくような仕組してないぞ。……

この先は、神の力、いただかんことには、ちっとも、先、行《ゆ》かれんことになるぞ。（五八〇）

悪の仕組に、みなの臣民、だまされているが、もう、直《す》ぐ、目覚《めざ》めるぞ。

目覚めたら、訪ねてござれ。

この神のもとへ、来て、聴《き》けば、何でも、わかるように、神示で、知らしておくぞ。（二七）

❖一厘《いちりん》の、神の仕組《しぐみ》とは、ひっくり返ること

天地《あめつち》の波に、乗れば、よいのぢゃ。
楽し楽しで、大峠《おおとうげ》、越《こ》せるぞ。
神は、無理、申さん。
やれば、やれる時ぞ。

（黙示七－一二）

時節《じせつ》、よく気《き》つけて、取り違《ちが》いせんよう、致《いた》しくれよ。
時節ほど、結構なものないが、また、怖《こわ》いものも、ないのであるぞ。

（八四五）

九分九厘《くぶくりん》まで、進まねば、あとの、一厘《いちりん》は、わからん。
今が、九分九厘であるぞ。

（黙示五－一）

何も、上下《うえした》、下、ひっくり返っているから、わからんから、神の心に、なれば、何事も、わかるから、鏡を、掃除《そうじ》してくれよ。（三）

ビックリ箱、開いたら、臣民、ポカンぞ。手も、足も、動かすこと、できんぞ。たとえでは、ないのざぞ。（一八三）

天地《てんち》、引っくるめて、大立《おおた》て替《か》え、致すのぢゃ。天地のビックリ箱とは、そのことざぞ。（三六八）

今の文明、無くなるのでないぞ。魂《たま》、入れて、いよいよ、光りてくるのぞ。（一四八）

世界中を、泥《どろ》の海にせねば、ならんところまで、それより、ほかに、道のないところまで、押《お》し迫《せま》って、来たのであるが、なお、一厘の手だては、有るのぢゃ。……

泥の海と、なる直前に、グレンと、ひっくり返し、ビックリの道、有るぞ。

（八三五）

今の、裏のやり方、ひっくり返して、表のやり方、すれば、それで、よいのぢゃ。

（六六五）

神の世に、するのざぞ。
善一筋《ぜんひとすじ》に、するのざぞ。
誰《だれ》かれの、分け隔《へだ》て、ないのざぞ。……
上、下、ひっくり返るのざぞ。

（一三五）

一番、尊《とうと》いところ、一番、落としてあるのぢゃ。……
落としたうえに、落として、もう、落とすところないようにして、上、下、
ひっくり返るのぢゃ。
ひっくり返すのでないぞ。
ひっくり返るのぢゃぞ。
（三四八）

天地、ひっくり返ると、いうことは、身魂《みたま》が、ひっくり返ると、いうことぞ。
（五〇九）

世の立て替えと、申すのは、身魂の、立て替えざから、取り違いせんよう、
致されよ。
（四八四）

一厘《いちりん》の、神の仕組《しぐみ》、ひっくり返る

岩戸開くとは、元の姿に、返すことぞ。
神の姿に、返すことぞ。
（五五）

真《まこと》の世と、成るのぢゃ。
善悪《ぜんあく》、無《な》き世と、成るのぢゃ。
（五二一）

上、下に、グレンと、ひっくり返るぞ。
上の者、下に、落ちぶれた民、上になるぞ。
（二〇）

時、待てば、いり豆にも、花、咲《さ》くのであるぞ。
水が、逆に、流れるのであるぞ。
上、下、でんぐり返るのであるぞ。
上の人が、青くなり、下の人が、赤くなるのであるぞ。
（八四五）

赤丹《あかに》の頬《ほほ》に、聞こしめしませ。
御酒《みき》、献《たてまつ》る。
（黙示一－一〇）

九分九分九厘《くぶくぶくりん》と、一厘とで、物事成就するのざぞよ。
（三五九）

いよいよと、なりたら、神が、神力《しんりき》、出して、上、下、ひっくり返して、
神代《かみよ》に、致すぞ、永久《とわ》の神代に、致すぞ。
（三五）

富士《ふじ》と、鳴門《なると》の仕組《しぐみ》、わかりかけたら、いかな外国人《がいこく》でも、改心《かいしん》するぞ。
それまでに、神の国の臣民、改心、しておらぬと、気《き》の毒できるぞ。
（二四五）

仕組、途中《とちゅう》で、グレンと、変わり、カラリと、変わる仕組してあるのぢゃ。
そこに、一厘の仕組、火水《ひみつ》の仕組、富士と鳴門の仕組。
（四七九）

第六の扉《とびら》 数《かず》の、富士《ふじ》と、鳴門《なると》の仕組《しぐみ》

❖一《いち》の仕組《しぐみ》は、始めの仕組

ここから、数《かず》の仕組《しぐみ》をお伝えしますが、今の私たちの頭では、理解しづらいところがあります。

ここでお伝えしたいことは、神様の世界には、数の仕組があり、その仕組通りに世界が動いているということです。

このことに気づく人は、徐々に増えているように思います。

一《いち》は、いくら、集めても、一ぢゃ。
二《に》も、三《さん》も、四《よん》も、五《ご》も、同様ぞ。
○《ム》にかえり、○によって、結ばれるのぢゃ。
○が、産霊《むすひ》ぞ、弥栄《いやさか》ぞ、喜びぞ。

（七九七）

一《ひ》が、始めぞ、元ぞ。
和して、動き、動いて、和せよ。（七四三）

つくり固めの、終わりの、仕組ぞ。
終わりは、始めぞ。
始めは、一《ひ》（霊《ひ》）ぞ。（一四八）

一に、一足す、二だとのみ、信じているが、現実界では、その通りであるが、
それが、平面の見方、考え方と、申すもの。
いくら、極めても、進歩も、弥栄も、ないのぢゃ。
一に、一足す、一の世界。
一に、一足す、無限の世界、超現実《ちょうげんじつ》、霊《れい》の世界、立体の世界、立立体《りつりったい》の世界の
あることを、体得せねば、ならんぞ。（八四九）

❖今までは、四《よん》と、八《はち》の世界だった

天津神《あまつかみ》は、伊耶那岐《いざなき》、伊耶那美《いざなみ》の神《かみ》と、現われ坐《ま》し、鳴り鳴りの、成りのはてに、伊耶那岐、伊耶那美の命《みこと》と、成り給《たま》いて、まず、国土《くにつち》を、つくり固めんとして、オノコロの四音《よね》（米《よね》）の島をならし、八尋殿《やひろどの》を、見立てられたのであるぞ。

これが、この世の元。

人民の頭に、東《とう》、西《ざい》、南《なん》、北《ぼく》の四方《しほう》があり、八方《はっぽう》と、ひろがるであろうが、八十《はちじゅう》と成り、八百《はっぴゃく》、八千《はっせん》と、次々に、ひろがりて、八百万《やおよろず》と、鳴り、成るのであるぞ。

（黙示六－五）

七《なな》は成り、八《はち》は開くと、申してあろうが、八の隈《くま》から、開きかけるのであるぞ。

（黙示二－五）

今までは、四《よん》と八の世界だったということを示しています。

今度は、八の隈では、足らん。
十《じゅう》の隈、十の神を、生まねば、ならんぞ。
（七九〇）

禍《わざわ》いと、いうものは、無いのであるぞ。
光りを忘れ、光りに、そむくから、嫌《いや》なことが、起こるのぢゃ。
（黙示二－六）

八の世界から、十の世界に、成るのであるから、今までの、八方的な考え方、
八方的な想念《そうねん》や、肉体では、生きては、ゆかれんのであるぞ。
十方《じっぽう》的想念と、肉体でなくては、ならんぞ。
（黙示六－一三）

❖五《ご》は、天《てん》の、光りの数《かず》

今までは、四《よん》の活物《かつぶつ》と、知らせてありたが、岩戸《いわと》が、開《あ》けて、五《ご》の活物と、成ったのであるぞ、五が、天《てん》の光りであるぞ。

（黙示一－一四）

元は、五で、固めたのぢゃ、天のあり方。……

それを、中心として、ものが、弥栄《いやさか》えゆく仕組《しぐみ》。

それを、人民は、自分の頭で、引き下げて、四と、見たから、行《い》きづまって、世界の難渋《なんじゅう》であるぞ。

（黙示五－八）

今までは、四本指、八本指《はっぽん》で、物事を、はかって、誤り、無かったのであるが、岩戸が開けたから、親指が現れて、五本、十本《じっぽん》と、成ったのぢゃ。

（黙示三－一五）

四と八《はち》の世界から、五と十《じゅう》の世界に成ったことを示しています。

根本の、元の、元の、元の神は、〇《ム》から、一《いち》に、二《に》、三《さん》に、四に、五に、弥栄したのであるぞ。
別天津神《ことあまつかみ》、五柱《いつはしら》と、申してあろうがな。
五が、天であるぞ。

（黙示六ー七）

秘密の仕組とは、一二三《ひふみ》の仕組ざ。

（三二）

今までは、始めの一二三の仕組も隠《かく》されていたことを示しています。
私たちにできることとしては、一二三祝詞《のりと》を神様に奏上《そうじょう》することがあげられます。

一二三の仕組とは、永久《とわ》に、動かぬ道のことぞ。
三四五《みよいつ》の仕組とは、御代出《みよい》づの仕組ぞ。
御代出づとは、神の御代に、成ることぞ。
（五六）

真《まこと》の数《かず》を合わせると、五と、五十《ごじゅう》であるぞ。
中心に、五があり、その周辺が、五十と、成るのであるぞ。
これが、根本の型《かた》であり、型の歌であり、型の数であるぞ。
（黙示二－五）

五柱の元津太神《もとつふとかみ》が、十柱《とはしら》の夫婦神《ふうふかみ》と現れ、十柱の御子《みこ》と、交わって、五十神《ごじゅっしん》と、現れるのぢゃ。
（黙示三－二二）

五が十と成り、五十の世界と成ることを示しています。

❖鳴門《なると》の仕組《しぐみ》とは、十《じゅう》の世に成る仕組

ナルの仕組《しぐみ》とは、七◎十（鳴門《なると》）の経綸《けいりん》であるぞ。
八《はち》が、十《じゅう》に成る仕組、岩戸《いわと》開《ひら》く仕組。
今までは、なかなかに、わからなんだのであるが、時節《じせつ》が、来て、岩戸が、
開《ひら》けてきたから、見当、つくであろう。
（黙示三－二）

七《しち》から、八から、鳴り、成りて、十と、成る仕組。
鳴り、成りあまる鳴門の仕組。
（黙示六－一六）

鳴門の仕組とは、七から、八から、十と成ることを示しています。

❖富士《ふじ》の仕組《しぐみ》とは、二十二《にじゅうに》の世に成る仕組

わかるように、説いて、聞かすから、今までの知を、ひとまず、捨てて、生まれ赤子《あかご》と、なりて、聴《き》いてくだされよ。

天鈿女《あめのうずめ》の命《みこと》が、天照大御神《あまてらすおおみかみ》に、献《たてまつ》った巻物《まきもの》には、一二三四五六七八九十《ひふみよいむなやこと》と、書いてあったのぞ。

そのときは、それで、一応、よかったのであるなれど、それは、限られた時《とき》と、所《ところ》でのことで、永遠《えいえん》のものではないぞ。

（黙示六－三）

一二三四五六七八の世界が、一二三四五六七八九十の世と、成りて、〇《ム》一二三四五六七八九十の世と、成るのぢゃ。……

裏表で、二十二《にじゅうに》ぢゃ。……

二二《ふじ》（富士《ふじ》）は、晴れたり、日本晴《にほんば》れぞ。

（黙示六－一五）

フトマニとは、大宇宙の法則であり、秩序《ちつじょ》であるぞ。
神示《ふで》では、○一二三四五六七八九十と示し、その裏に、十九八七六五四三二一○があるぞ。
○九十《まこと》の、真《まこと》であるぞ。
合わせて、二十二、二二（富士）であるぞ。

（黙示六－二）

二二と、申すのは、天照大御神殿《あまてらすおおみかみどの》の十種《とくさ》の神宝《かんだから》に、ゝ（不二《ふじ》）を入れることであるぞ。
これが、一厘《いちりん》の仕組《しぐみ》。
二二と、成るであろう。
これが、富士の仕組。

（黙示六－一六）

富士の仕組とは、十《じゅう》に一《いち》を足して、表と裏とを合わせて、二十二と成ることを示しています。

開けると、〇《ま》と、九《こ》と、十《と》との、神《み》が、出て来《く》る。
（黙示二－五）

十九《とこ》は、常立《とこたて》であるぞ。
（黙示二－一九）

十九は、〇一二三四五六七八九十のトドメの数《かず》です。

❖富士《ふじ》と鳴門《なると》の仕組《しぐみ》とは、十《じゅう》と、二十二《にじゅうに》が、組み組む仕組

富士《ふじ》と、鳴門《なると》の仕組《しぐみ》。
いよいよぞ。
（黙示六ー一六）

富士と、鳴門の仕組、結構、致《いた》しくれよ。
（黙示三ー二）

富士は、元のキぞ。
鳴門とは、その現れの働き。
（七四四）

富士の仕組とは、動かん真理。
◎（渦海《うずうみ》）の鳴門の仕組とは、弥栄《いやさか》の限りなき、愛のことであるぞ。
（五八八）

岩戸《いわと》が、開《ひら》けたのであるから、元の、元の、元の、キの道でなくては、魂《たま》の道でなくては、立ちてはゆかん。

動かん、二二《ふじ》（不二《ふじ》、富士）の仕組、開《あ》けて、渦巻《うず》く、七◎十（鳴門）ぢゃ。

新しき人民の住むところ、霊界《れいかい》と、現界《げんかい》の両面をもつところ、この岩戸開きて、二度《にど》と、無い、九十《こと》（言、事）で、開く仕組。


（黙示三―一一）


目に見えぬ世界、目に見えぬ人民との、縦のつながり、つけねばならん道理。

人民同士の横糸だけでは、織物には、ならんぞ。

天《あめ》は、火《ひ》ぞ。

地《つち》は、水《み》ぞ。

火、水、組み組みて、織りなされたものが、錦《にしき》の御旗《みはた》ぢゃ。

火水《ひみつ》の経綸《けいりん》であるぞ。


（黙示一―九）

富士とは、火の仕組ぞ。
渦海とは、水《みず》の仕組ぞ。（一三七）

世の立《た》て替《か》えは、水と、火とざぞ。（二五二）

一《ひ》（火）と、三《み》（水）、一二三《ひふみ》と、成るのざぞ。（一九四）

富士と鳴門の仕組のあとに、新しき一《いち》（火、天）と二《に》（人《に》）と三《さん》（水、地）を合わせて、組み組むと、天地人《あめつちひと》の六六六《ろくろくろく》の、真《まこと》のミロクの世《よ》と成ります。

縦には、神と神界《しんかい》と和し、横には、人と環境と大和《だいわ》して、ゆくところにこそ、生きの、命《いのち》の嬉《うれ》し嬉し、有るのであるぞ。（七一三）

第七《しち》の扉《とびら》　世の元の生神《いきがみ》様の仕組《しぐみ》

❖世の元は、ドロドロだった

世の元と、申すものは、泥《どろ》の海でありたぞ。その泥から、神が、いろいろのもの、一二三《ひふみ》で、息吹《いぶ》きて、生みたのぞ。（二〇〇）

世の元と、申すものは、天《てん》も、地《ち》も、泥の海で、ありたのざぞ。そのときから、この世、始まってから、生き通《どお》しの神々様の、御働《おんはたら》きで、五六七《ミロク》の世が、来《く》るのざぞ。（一四四）

世、こしらえた神々様は、ながものの御姿《おんすがた》ぞ。今に、生き通しぞ。（四〇八）

世の元の、泥《どろ》の海

〇《れい》が、元ぢゃ、産霊《むすひ》ぢゃ、弥栄《いやさか》ぢゃ。……

世の元、〇の始めから、一《ひ》と、現れるまでは、〇を、十回《じっかい》も、百回《ひゃくかい》も、千回《せんかい》も、万回《まんかい》も、繰《く》り返したのであるぞ。

そのときは、それは、それはで、ありたぞ。

一（火）と、三《み》（水《み》）の、ドロドロで、あったぞ。

その中に、五色《ごしき》、五頭《ごとう》の龍神《りゅうじん》が、御働《おんはたら》きなされて、つくり固めなされたのぢゃ。

（黙示一―二）

一切《いっさい》のものは、◎（渦《うず》）であるぞ。

同じこと、繰り返しているように、人民には、世界が、見えるであろうなれど、一段ずつ、進んでいるのであるぞ。

（六六七）

龍神とは、道《みち》の神であるぞ。

（黙示一―二）

❖世の元の神様は、国常立《くにとこたち》の大神《おおかみ》

五色《ごしき》の龍神《りゅうじん》とは、国常立《くにとこたち》の尊《みこと》の、御現《おんあらわ》れの一《ひと》つであるぞ。

（黙示一―二）

世界一平《せかいいったいら》に、泥《どろ》の海で、あったのを、つくり固めたのは、国常立の尊であるぞ。

……岩《いわ》の神《かみ》、荒《あれ》の神《かみ》、雨《あめ》の神《かみ》、風《かぜ》の神《かみ》、地震《じしん》の神殿《かみどの》。

この神々様、御手伝《おてつだ》いで、この世の、固め、致《いた》したのであるぞ。

元からの龍体《りゅうたい》、もたれた、荒神様《あらがみ》でないと、今度の御用《ごよう》は、できんのざぞ。

世界、つくり固めてから、臣民、つくりたのであるぞ。

（二六六）

艮《うしとら》とは、東北《とうほく》であるぞ。

艮金神《うしとらこんじん》とは、国常立の尊でござるぞ。

（黙示一―八）

この神は、よき臣民には、よく見え、悪《わる》き臣民には、悪く見えるのざぞ。鬼門《きもん》の金神《こんじん》とも、見えるのざぞ。（二五三）

育ての生みの親様、国常立の大神《おおかみ》様。（七一五）

富士《ふじ》の御山《おんやま》に、腰《こし》かけて、このほう、世界中、守るぞ。（一一五）

見事、富士に、このほうが、鎮《しず》まって、世界、治めるのざぞ。

それまでは、仮でよいぞ。

臣民の肉体に、一時《いちじ》は、鎮まって、この世の仕事、仕組《しぐみ》て、天地《てんち》、でんぐり返して、光りの世と、致すのぢゃ。（三五二）

国土《くにつち》、拝《おろが》めよ、神の肉体ぞ、神の魂《たま》ぞ。（二〇〇）

国常立の大神の、この世の、肉体の影《かげ》が、日本列島《にほんれっとう》であるぞ。
わからんことが、いよいよ、わからんことに、なったであろうが。
元の、元の、元の神の申すこと、よく聞き分けなされよ。
（黙示三－四）

世の元からの、生神《いきがみ》が、そろうて、現れたら、みな、腰、ぬかして、目、パチクリさして、もの言えんように、なるのざぞ。
（二五二）

我《わ》が名、呼びて、おすがりすれば、万里先《ばんりさき》にいても、言うこと、聴《き》いてやるぞ。
雨の神、風の神、岩の神、荒の神、地震の神。……
この世の荒《あ》れ、地震、逃《のが》らせてやるぞ。
（三五六）

総大将《そうだいしょう》は、国常立の大神なり。
（黙示補－一二）

❖救《すく》い主《ぬし》の神様は、素盞鳴《すさなる》の神《かみ》

大国常立《おおくにとこたち》の神《かみ》が、大素盞鳴《おおすさなる》の神様なり。

（五四五）

素盞鳴《すさなる》の大神《おおかみ》様、この世の、大神様ぞと、申してあろうがな。

間違《まちが》いの神々様、この世の、罪穢《つみけが》れを、この神様にきせて、無理やりに、北に、押《お》し込《こ》めなされたのざぞ。

それで、この地《ち》の上を極悪神《ごくあくがみ》が、我《われ》の好き候《そうろう》に、持ち荒《あ》らしたのざ。

（三六六）

この世の罪穢れ、負《お》いて、夜となく、昼となく、守りくださる素盞鳴《すさなる》の神《かみ》様、あつく祀《まつ》りくれよ。

（二〇五）

素盞鳴《すさなる》の尊《みこと》が、荒《あら》ぶる神《かみ》、悪神《あくがみ》ではなく、人民の罪を、背負ってくださる、救《すく》い主《ぬし》の大神《おおかみ》であることが、わからねば、岩戸《いわと》は、開《ひら》けんぞ。　（黙示五－二〇）

右《みぎ》りに、行《い》かんとするものと、左に、行かんとするものと、結ぶのが、◎（渦《うず》）の神様ぞ。

◎（渦）の神様とは、素盞鳴の大神様ざぞ。

この働きによりて、命《いのち》、あれるのぞ、力、生まれるのぞ。　（二一八）

国土を、つくり固めるために、根本大神《こんぽんおおかみ》が、なぜに、沼矛《ぬほこ》のみを、与《あた》え給《たま》いしかを、知らねば、岩戸開《びら》きの秘密は、解けんぞ。……

素盞鳴の尊の、真《まこと》の御姿《おんすがた》が、わからねば、次の世のことは、わからんぞ。　（黙示補－十）

❖五度《ごど》の、岩戸閉《いわとじ》めがあった

地《ち》の大神様《おおかみ》は、力、あり過ぎて、人民には、手に、おえん、見当、とれん。そこで、神々様を、この世から、追い出して、悪神《あくがみ》のいうこと、聞く、人民ばかりと、なりていたのであるぞ。（三三六）

落ちていた神々様、元へ、お帰りなさらねば、この世は、治まらんのであるぞ。（六〇五）

岩戸閉《いわとじ》めの始めは、ナギ（伊耶那岐命《いざなきのみこと》）、ナミ（伊耶那美命《いざなみのみこと》）の命《みこと》の時であるぞ。

ナミの神が、火《ひ》の神《かみ》を、生んで、黄泉国《よみのくに》に、入《はい》られたのが、そもそもであるぞ。（黙示二ー一〇）

次の岩戸閉めは、天照大御神《あまてらすおおみかみ》の時ぞ。
大神は、まだ、岩戸の中に、坐《ま》しますのぞ。
だました岩戸からは、だました神が、お出ましぞと、知らせてあろう。

（黙示二－一〇）

次の岩戸閉めは、素盞鳴《すさなる》の尊《みこと》に、すべての罪《つみ》をきせて、根《ね》の国《くに》に、追いやった時であるぞ。
素盞鳴の尊は、天下《あめがした》を、治《し》ろしめす御役《おんやく》の神であるぞ。

（黙示二－一〇）

神武天皇《じんむてんのう》の、岩戸閉めは、御《おん》みずから、人皇《じんこう》を、名のり給《たも》うより、ほかに、道なきまでの、御働《おんはたら》きを、なされたからであるぞ。

（黙示二－一〇）

仏教《ぶっきょう》の渡来《とらい》までは、わずかながらも、真《まこと》の神道《かみみち》の光りが、差していたので、あるなれど、仏教と、ともに、仏魔《ふつま》、渡《わた》り来て、完全に、岩戸が、閉められて、暗闇《くらやみ》の世と、なったのであるぞ。

（黙示二－一〇）

これが、五度《ごど》目の、大き岩戸閉めであるぞ。

（黙示二－一〇）

今度《こんど》の岩戸開《いわとびら》きは、五度の岩戸閉めを、一度《いちど》に、開《ひら》くのであるから、人民には、なかなかに、理解できんことに、折り重なってくるから、何事も、神の申す通り、ハイハイと、素直に、聞くのが、一等であるぞ。

（黙示二－九）

『古事記《こじき》』や『日本書紀《にほんしょき》』と神示《ふで》を比較《ひかく》すると、差異がありますす。大きな差異は、沼矛《ぬほこ》を素盞嗚《すさなる》の神《かみ》たちと見立て修理固成《しゅりこせい》（立《た》て替《か》え、立《た》て直《なお》し、大洗濯《だいせんたく》、大清掃《だいせいそう》）をしているところにあります。

❖いよいよの仕組《しぐみ》で、国常立《くにとこたち》の大神《おおかみ》が、お出ましになる

元の神代《かみよ》に返すと、申すのは、たとえでないぞ。
七《しち》から、八《はち》から、九《く》から、十《じゅう》から、神、激しくなるぞ。
（五六）

日本《にほん》が、日《ひ》（秘）の本《もと》の国《くに》、艮《うしとら》の、固《かた》めの国《くに》、⦿（日）出《い》づる国《くに》。
国常立《くにとこたち》の大神《おおかみ》が、艮の扉《とびら》を、開《あ》けて、出づる国と、いうことが、わかりて
こんと、今度の岩戸開《いわとびら》きは、わからんぞ。……
国常立《くにとこたち》の尊《みこと》が、艮から、お出ましになることが、岩戸開きぞ。
（黙示五－四）

岩戸は、中から、開《ひら》かれるのぢゃ。
艮が、開かれて、艮金神《うしとらこんじん》が、お出ましぞ。
もう、邪《よこしま》のものの、住む、一寸《いっすん》の、土地も、無くなったのぞ。
（黙示補－八）

国常立《くにとこたち》の神《かみ》も、素盞嗚《すさなる》の尊《みこと》も、大国主《おおくにぬし》の命《みこと》も、すべて、地に、縁《ゆかり》のある神々は、みな、九《きゅう》と十《じゅう》の世界に、おられて、時《とき》の来《く》るのを、お待ちになっていたのであるぞ。

地《ち》は、地の神が、治《し》らすのぞ。……

天運《てんうん》、まさに、めぐり来て、千引《ちびき》の岩戸は、開かれて、これら、地に、縁のある大神達《おおかみたち》が、現れなされたのであるぞ。

これが、岩戸開《びら》きの真相であり、真《まこと》を知る鍵《かぎ》であるぞ。

（黙示六－一〇）

いよいよとは、一四一四《いよいよ》ぞ、五《ご》と五ぞ、十《じゅう》であるぞ、十一《じゅういち》であるぞ。

国常立が、国広立《くにひろたち》と、成るぞ。

（黙示補－一一）

国常立《くにとこたち》の大神《おおかみ》の、お出まし

いよいよ、表の守護《しゅご》と、相《あい》、成ったぞ。
表の守護とは、よいものも、無く、悪いものも、無く、ただ、喜びのみの、
守護と、成ることぢや。
悪いもの、悪くなるのは、表の守護でないぞ。
（六三四）

五六七《コロナ》のミロクの世《よ》から、六六六《ろくろくろく》のミロクの世と、成るぞ。
六六六は、天地人《あめつちひと》の、大和《だいわ》の姿であるなれど、動きが、無いから、そのままでは、
弥栄《いやさか》せんのぢや。
６６６《ろくろくろく》と、成り、また、六六六と、成らねば、ならんぞ。
新しき世の姿。
（黙示二―一五）

６６６とは、外国から来たデジタル社会を示しています。
これをよりよくかえて、大和した社会が実現することを示しています。

❖御三体《ごさんたい》の大神《おおかみ》とは、日《ひ》の大神《おおかみ》、月《つき》の大神《おおかみ》、国常立《くにとこたち》の大神《おおかみ》のこと

お父様が、日《ひ》の大神《おおかみ》様、お母様が、月《つき》の大神《おおかみ》様なり。（五四六）

月の大神様が、水《みず》の御守護《ごしゅご》。

日の大神様が、火の御守護。

お土、つくり固めたのは、大国常立《おおくにとこたち》の大神《おおかみ》様。

この御三体《ごさんたい》の大神《おおかみ》様、三日《みっか》、この世、かまいなさらねば、この世、クニャクニャぞ。（三六三）

日月《ひつき》の大神《おおかみ》様が、ミロクの大神《おおかみ》様なり。（四八六）

ミロク様とは、真《まこと》の天照皇大御神《あまてらすすめらおおみかみ》様のことでござるぞ。（四〇一）

宇宙のすべてが、高天原《たかまのはら》であるぞ。
天照大御神《あまてらすおおみかみ》は、高天原を治《し》らし、……
また、高天原を、知《し》らす御役《おんやく》。

（黙示二―一一）

今のうちに、神示《ふで》、じっくりと、読んで、肚《はら》に、入れて、高天原となって、おりてくだされよ。

（三四六）

肚が、できておると、肚に、神《かむ》づまりますのざぞ。
高天原ぞ。
神漏岐《かむろぎ》、神漏美《かむろみ》の命《みこと》、忘れるでないぞ。

（一四四）

日向《ひむか》とは、神を、迎《むか》えることぞ。

（五）

❖大日月地《おおひつきくに》の大神《おおかみ》とは、すべての神々様のこと

天《あめ》の日月《ひつく》の神《かみ》とは、……元神《もとがみ》でござるぞ、ムの神《かみ》ぞ、ウの神《かみ》ぞ。（三四一）

高度の霊《れい》は、無限に、分霊《ぶんれい》するのであるぞ。（七七〇）

天の日月の神と、申しても、一柱《ひとはしら》ではないのざぞ。
臣民のお役所のようなものと、心得よ。
一柱でも、あるのざぞ。
このほうは、意富加牟豆美《おおかむづみ》の神《かみ》とも、現れるのざぞ。
ときにより、ところによりては、意富加牟豆美の神として、祀《まつ》りてくれよ。
青人草《あおひとくさ》の、苦瀬《うきせ》、治してやるぞ。（一三三）

どんな難儀《なんぎ》も、災難も、無くしてやるぞ。
このほう、意富加牟豆美の神であるぞ。
神の息と、合わされると、災難、病、無くなるのざぞ。
大難《だいなん》、小難《しょうなん》にしてやるぞ。
命《いのち》、助けてやるぞ。

（二二八）

大日月地《おおひつきくに》の大神《おおかみ》としての、この神は、一柱であるが、働きは、いくらでもあるぞ。
その働きの名が、もろもろの神様の名ぢゃ。
無限であるぞ。
このほう、一柱であるが、無限柱《むげんばしら》ぞ。
すべてが、神であるぞ。

（六七八）

大神は、一柱であるが、現れの神は、無限であるぞ。根本の、大日月地の大神様と念じ、そのとき、そのところに応じて、特に、何々の神様と、お願い、申せよ。（七二一）

神々の数は、限りないのであるが、一柱ずつ、御名《みな》を、たたえていては、限りないぞ。

大日月地の大神と、たたえ祀れ。

すべての神々様を、たたえ祀ることであるぞ。

日は父、月は母、地《くに》は自分であるぞ。

自分、拝《おろが》まねば、どうにも、ならんことに、なってくるぞ。（五六九）

臣民の身も、神の宮《みや》と、なりて、神まつれ。（九七）

地《くに》の日月《ひつき》の神《かみ》とは、臣民のことであるぞ。

臣民と、申しても、今のような臣民ではないぞ。

神人《かみひと》、ともに、弥栄《やさか》の臣民のことぞ。（三九七）

釈迦《しゃか》、キリスト、マホメット、そのほか、世界の命《いのち》ある教祖《きょうそ》、および、その指導神《しどうしん》を、御光《みひかり》の大神《おおかみ》様と、たたえ祀れと、申してあろうが。

大日月地の大神様の、一つの現れぞと、申してあろうが。

なぜに、御光の大神様として、斎《いっ》き祀らんのぢゃ。（八〇六）

艮金神《うしとらこんじん》や、雨《あめ》の神《かみ》、風《かぜ》の神《かみ》、岩《いわ》の神《かみ》、荒《あれ》の神《かみ》、地震《じしん》の神《かみ》、大日月地の大神、天の日月の神、地の日月の神、ミロクの神《かみ》、御光の神たちは、神示《ふで》特有の神様たちです。

また、国常立《くにとこたち》の大神《おおかみ》や素盞鳴《すさなる》の神《かみ》の神話は、神示独特のものです。

❖八岐大蛇《やまたのおろち》、金毛九尾《きんもうきゅうび》、邪気《じゃき》、抱《いだ》きまいらせよ

大蛇《おろち》、九尾《きゅうび》、邪気《じゃき》の、三大将殿《さんだいしょうどの》の御力《おんちから》、マツリて、弥栄《いやさか》。よく、よきに、動くぞ。（四二八）

八岐大蛇《やまたのおろち》を始め、悪《あく》の神々《かみがみ》様、マツリくれよ。……このこと、役員のみ、心得よ。岩戸開《いわとひら》く、一つの鍵《かぎ》ざぞ。（四二六）

八岐大蛇も、金毛《きんもう》も、邪気も、みな、それ、生ける神、神の光りの、生みしもの。悪、抱《いだ》きませ、善も、抱き、あなうところに、御力《みちから》の輝《かがや》く時ぞ、来《きた》るなり。（四九七）

悪が、善に、立ち返りて、弥栄、成るように、取り違《ちが》え、無きよう、マツリくれよ。

（四二七）

順と、区別さえ、心得ておれば、何様を、拝《おろが》んでも、よいと、申してあろう。

（六八〇）

悪の神々をマツリするところに、この仕組《しぐみ》の醍醐味《だいごみ》があります。
このマツリは、祈《いの》りを献《ささ》げる祀《まつ》りではなく、まつろうこと、従うことを示しています。
そのうえで、抱きまいらせて、善に立ち返るようにするのです。
これまでのように、悪を悪として殺してはならないのです。
このことは、次作『日月《ひつく》の生《い》き方《かた》』で詳《くわ》しくお伝えします。

第八の扉《とびら》　2024年は、神界《しんかい》の紀《もと》の年

❖新しき御代《みよ》の始めは、辰《たつ》の年、2024年

新しき、御代《みよ》の始めの、辰《たつ》の年。
皇大神《すめおおかみ》の、生《あ》れ出《い》で、給《たま》いぬ。
みなみな、御苦労《ごくろう》ながら、グルグル、めぐって、始めからぢゃと、申して
あろうが、始めの、始めと、始めが、違《ちが》うぞ。
（六五八）

辰の年は、2024年のことを示しています。

新しき御代の始めですが、P77でお伝えしたように、もがきのなかの2024年です。

それと、2026年で、やっと気づく人もいるのです。

なので、神示《ふで》をよく読むことが大切になります。

辰の年は、よき年と、成りているのざぞ。
早《はよ》う、洗濯《せんたく》してくれよ。
（二四五）

九年《ことし》は、神界《しんかい》の紀《もと》の年ぞ。
神始《かみはじ》めの年と、申せよ。
一二三《ひふみ》、三四五《みよいつ》、五六七《ミロク》ぞ。
五《ご》の年は、子《ね》の年ざぞよ。
（二一五）

五の年は、子の年、２０２０年のことを示しています。
ということは、六は丑《うし》の年、七は寅《とら》の年、八は卯《う》の年、九は辰の年です。
九年とは、辰の年、２０２４年のことを示しています。
辰の年、２０２４年が「神界の紀の年」です。

新しき、御代の始めの、辰の年、荒《あ》れ出《い》で、坐《ま》しぬ、隠《かく》れイシ（医師）神。
隠《かく》り世も、ウツシ御国《みくに》の、一筋の、光りの国と、咲《さ》きそめにけり。（黙示補－九）
三千年《さんぜんねん》、花、咲くぞ。
結構な花、三年。
その後《ご》、三年であるぞ。二《つぎ》（次）の三年、めでたやなあ、めでたやなあ。
（五三九）

「花、咲く」は、辰の年、２０２４年の神界の紀の年です。
「結構な花」は、２０２４年を１年目として、２０２６年までです。
「その後、三年」は、めでたやの、酉《とり》の年、２０２９年です。

❖酉《とり》の年、2029年が、真《まこと》のミロクの世《よ》

五十二歳《ごじゅうにさい》、二《つぎ》（次）の世の、始め。

五十六歳七カ月《ごじゅうろくさいしちかげつ》、ミロクの世《よ》。
（五六五）

これは、天明の年齢《ねんれい》ではなく、P26でお伝えした次の御用《ごよう》の年月《ねんげつ》です。

1971年10月から見て、五十二歳とは、2023年10月から、辰《たつ》の年、2024年9月のことを示しています。

1971年10月から見て、五十六歳とは、2027年10月から、2028年9月のことを示しています。

この五十六歳の最終月から七カ月を足すと、酉《とり》の年、2029年4月になります。

付け足すと、2029年4月1日は辛酉《かのととり》のよき日です。

真《まこと》のことは、酉の年。（七六四）

十年《じゅうねん》先は、ミロクの世ざぞ。（二二三）

「真のことは、酉の年」と合わせて考えてみると、闇《やみ》の世が始まった子《ね》の年、2020年を1年目として、酉の年、2029年からが真のミロクの世となることを示しています。

辛酉は、よき日、よき年ぞ。（七二）

辛酉の年は、2041年のことで、次の御用の1971年から見て、70年後の一般的な古希《こき》の祝いの、よき年ということを示しています。

❖真《まこと》のミロクの世《よ》とは、不足、無く、嬉《うれ》し嬉しの世

一二三《ひふみ》、三四五《みよいつ》、五六七《ミロク》、弥栄《いやさか》、弥栄ぞ。
神、仏、耶《イエス》、ことごと、和し、和して、足り、太道《たいどう》、開く、永久《とわ》。
富士《ふじ》は、晴れたり、太神《ふとかみ》は、光り出《い》づ、神国《かみぐに》の始め。
（一五六）

与《あた》える政治が、真《まこと》の政治ぞよ。
臣民、勇む政治とは、上《うえ》、下《した》、まつろい合わす政治のことぞ。
（一五五）

金《かね》、いるのは、今、しばらくぞ。……
金は、自分のものと、頑張《がんば》っている臣民、気《き》の毒、できるぞ。
何もかも、天地《てんち》へ、引き上げぞ。……
金、かたきの世、来たぞ。
（七四）

神《かみ》の世《よ》と、申すのは、今の臣民の、思うているような、世ではないぞ。
金《きん》は、いらぬのざぞ。
（一二七）

次の世と、成れば、これまでのように、無理に、働かなくても、楽に、暮らせる、嬉《うれ》し嬉しの世と、成るのざ。
（二六二）

みなみな、不足、無く、それぞれに、嬉し嬉しざぞ。
不足、無い、光りの世、来《く》るぞ。
（四五〇）

来《きた》るべき、新天地《しんてんち》には、悪《あく》を、殺さんとし、悪を、悪として、憎《にく》む思念《しねん》は、無くなる。
（三八四）

人民の道、歩んでくれよ。

何もかも、嬉し嬉しと、成る仕組《しぐみ》。

人民に、禍《わざわ》い、無いのぢゃ、不足、無いのぢゃ。

いつも、楽し楽しの歌で、暮らせる仕組ぢゃぞ。
（六六四）

ミロクの世《よ》と、成れば、世界の国々が、それぞれ、独立の、独自の、ものと、なるのであるぞ。

ぢゃが、みな、それぞれの国は、一つの臍《へそ》で、大き一つの臍に、つながっているのであるぞ。

地上天国《ちじょうてんごく》は、一国《いっこく》であり、一家《いっか》であるが、それぞれの、また、おのずから、異なる小天国《しょうてんごく》ができ、民族の、独立性もあるぞ。

一色《いっしょく》に、ぬりつぶすような、一家となると、思うているが、人間のあさはかな、考え方ぞ、考え違《ちが》いぞ。

（七五〇）

人の道は、花、いろいろと、咲《さ》き乱れ、織り交ぜて、楽し楽しの、それぞれであるぞ。（五二二）

臣民、喜べば、神も、喜ぶぞ。
神、喜べば、天地《てんち》、光りてくるぞ。
天地、光れば、ここ、晴れるぞ。
二二《ふじ》（富士《ふじ》）は、晴れたり、日本晴《にほんば》れとは、このことぞ。
このような仕組で、この道、ひろめてくれよ。
それが、政治ぞ、経済ぞ、マツリぞ。（七三）

「二二（富士）は、晴れたり、日本晴れ」という言葉は、Ｐ32の初発《しょはつ》の神示《ふで》にも出てきましたが、「このことぞ」ということで、神様は、このような嬉し嬉しの世界を実現しようとしているのです。

❖心の富士《ふじ》も、晴れたり

二《つぎ》（次）の世は、キの世。（五三七）

元の神代《かみよ》よりも、も一つ、キの光り、輝《かがや》く世とするのぢゃから、なかなかに、大層ざぞ。（三六七）

神の仕組《しぐみ》の、世に、出《い》でにけり。
あなさやけ。
あな面白や。（三五一）

新しき光りの世と、成るのぞ。
古きもの、ぬぎ捨てよ。（二八五）

神の国と、申すものは、光りの世、喜びの世であるぞ。

（三〇二）


世が、変わりたら、天地《てんち》、光り、人も光り、草も光り、石も、もの心に歌うぞ。雨も、欲しいときに降り、風も、欲しいときに吹《ふ》くと、雨《あめ》の神《かみ》、風《かぜ》の神《かみ》、申しておられるぞ。
（七九）

岩戸開《いわとあ》けたり、野も、山も、草のかき葉も、ことやめて、大御光《おおみひかり》に、より集う、楽しき御代《みよ》と、明けにけり。……

ただ、御光《みひかり》の、輝きて、生きの、命《いのち》の、尊《とうと》さよ。
（三五五）

三千世界《さんぜんせかい》、大和《だいわ》して、ただ、御光に、生きよかし。

生まれ赤子と、鳴り、成りて、光りの、神の、説き給《たも》う、真《まこと》の道を、進めかし、真の道に、弥栄《やさか》ませ。
（四九七）

身魂《みたま》、芯《しん》から、光り出したら、人も、神も、同じことに、成るのぞ。（一七三）

仕組は、できあがらんと、人民には、わからん。
仕上げ、見てくだされ。
立派ぢゃなあ。
心で、悟《さと》りてくだされよ。（五三五）

神代に、成りたら、天地、近《ちこ》うなるぞ。
天《てん》も、地《ち》も、一《ひと》つに、なるのざぞ。……
神も人も、一つ、上《うえ》も下《した》も、一つと、なって、おのずから、区別、できて、
一列一平《いちれついったいら》、上、下、できるのぢゃ。（四四三）

天が上で、地が下で、中に ゝ（不二《ふじ》）、有るのぢゃ。

それが、ミロクの世《よ》ぢゃ。

（六八六）

天の道が、地に、現れるときが、岩戸開《あ》けぞ。

日本《にほん》の国が、甘露台《かんろだい》ぢゃ。


（黙示三－一三）

心の二二《ふじ》（不二《ふじ》、富士《ふじ》）も、晴れ晴れと、成るぞ、結構結構。

（三四二）

2020年から2026年までの闇《やみ》の世でした。

2020年から2029年までの正念場《しょうねんば》でした。

そして、酉《とり》の年、2029年からが真《まこと》のミロクの世となります。

神様は、神の仕組《しぐみ》を計画され、ここでお伝えしたような素晴らしい真のミロクの世の実現を願っているのです。

御光《みひかり》、輝《かがや》く、ミロクの世《よ》

第九《く》の扉《とびら》　神様の御用《ごよう》のために

❖神様のためと、念《ねん》じつつやれば、神様のためとなる

思うように、ならんのは、天地《あめつち》の弥栄《いやさか》、生成化育《せいせいかいく》に、あずかって、働いていないからぞ。（六七二）

目覚《めざ》めれば、その日、その時から、よくなる仕組《しぐみ》。結構、楽し楽しで、どんな世でも、過ごせるのが、神の道。（六三五）

神様を、真剣《しんけん》に、求めれば、神様は、人間様を、真剣に、導いてくださるぞ。結構に、導いてくださるぞ。（六三一）

人間界《にんげんかい》から、世、立《た》て直《なお》して、地《くに》の岩戸《いわと》、人間が、開いて、見せると、いうほどの、気魄《きはく》、無くてならんのざぞ。（四三七）

神のためと、念じつつやれば、神のためとなる。

小さい行為《こうい》でも、霊的《れいてき》には、大き働きするのぢゃ。

自分と、いうことが、強くなるから、発展、無いのぢゃ、行《い》きづまるのぢゃ、我《われ》よしとなるのぢゃ。

調和が、神の現れであるぞ。

霊《れい》と、調和せよ。

肉体と、調和せよ。

人と、調和せよ。

食物、住居と、調和せよ。

世界と、調和せよ。

嬉《うれ》し嬉しぞ。

（六九二）

いざと、いうときは、日頃《ひごろ》の真心《まことごころ》、ものいうぞ。（五三四）

真心に、なりたならば、自分でも、わからんほどの、結構、出て来《く》るぞ。

手柄《てがら》、立てさすぞ。

いくら、我《が》、張りても、我では、通らんぞ。

我、折りて、素直に、なりてくだされよ。（二八五）

我《わ》が身、我が家が、かわいいようでは、神の御用《ごよう》、務まらんぞ。

神の御用、すれば、道に、従えば、我が身、我が家は、心配、無くなるという、道理、わからんか。

何もかも、結構なことに、楽にしてやるのざから、心配せずに、わからんことも、素直に、いうこと、聞いてくれよ。（二〇九）

人を、助けずに、我《われ》を、助けてくれと、申しても、それは、無理と、申すもの。
（八三六）

我が、苦労して、人、救《すく》う心でないと、今度の岩戸《いわと》、開《ひら》けんのざぞ。
岩戸開《びら》きの、御用する身魂《みたま》は、我の苦労で、人、助けねば、ならんのざ。
（二三三）

人を、助ければ、その人は、神が、助けるのであるぞ。
（八三六）

神が、助けるからと、申して、臣民、懐手《ふところで》していては、ならんぞ。
力の限り、尽《つ》くさな、ならんぞ。
（一九八）

❖道は、自分で、開くもの

どこで、何していても、道さえ、踏《ふ》んでおれば、弥栄《いやさか》えるぞ。
行《い》きづまったら、省みよ。（五七五）

神の道に、入り、道を、踏んでおれば、やり方一つで、何でも、よく嬉《うれ》しい嬉しとなるぞ。（五八八）

道は、自分で、開《ひら》くのぞ。
人、頼《たよ》りては、ならんぞ。（五三）

自分以外の、もののために、まず、行《ぎょう》ぜよ、奉仕《ほうし》せよ。
嬉し嬉しの、光り、差しそめるぞ。（六〇四）

道は、易《やす》し楽し。
楽しないのは、道ではないぞ、奉仕《ほうし》ではないぞ。
（五四〇）

人民の奉仕は、神への奉仕。
生活は、奉仕から、生まれる。
（五五〇）

奉仕せよ。
どんな御用《ごよう》も、勇んで、務めよ。
（五五二）

この道、貫《つらぬ》かねば、世界は、一平《いったいら》に、ならんのぢゃ。
縁《えん》、ある人は、勇んで、ゆけるのぢゃ。
神が、守《まも》るから、おかげ、万倍ぢゃ。
（五一〇）

自分が、神の道にあり、真実であるならば、世の中は、悪くないぞ、輝《かがや》いているぞ。
自分に、降りかかって来《く》る、一切《いっさい》のものは、最善のものと思え。
いかなる悪いことも、それは、最善のものであるぞ。……
世を、呪《のろ》うことは、自分を、呪うこと。
世間や他人を、恨《うら》むことは、自分を、恨むこと。
（六七〇）

道に、いそしめ。
道、行くところ、喜び、有るぞ。
喜び、有るから、病気も、治るのぢゃ。
金も、出て来るのぢゃ。
おかげ、有るのぢゃ。
喜び、神ぢゃ。
（七一三）

❖神示《ふで》は、肚《はら》に、入《い》れるもの

神示《ふで》、よく読めよ。……
弥栄《いやさか》、弥栄。
（四九二）

神の申すようにすれば、神が、守るから、何事も、思うように、スラリスラリと、
心配、無く、出て来《く》るぞ。
（六二六）

見分ける鏡、与《あた》えてあるでないか。……
これと、信ずる人に、たずねよ。
天地《あめつち》に、たずねよ。
神示に、たずねよ。
（七二九）

御神示通《おふでどお》りにすれば、神のいうこと、聞けば、神が、守るから、人民の目からは、危ないように、見えるなれど、やがては、結構に、成るのざぞ。疑うから、途中《とちゅう》から、ガラリと、変わるのざぞ。……

神は、おかげ、やりたくて、ウズウズざぞ。

手を、出せば、すぐ、とれるのに、なぜ、手を、出さんのぢゃ。

（四八一）

神示、肚《はら》に、入《はい》れば、未来《さき》、見え透《す》くのざぞ。

（三四四）

神示、よく読んで、苦を、楽とせよ。

楽は、喜びぞ。……

楽で、岩戸開《いわとひら》けるぞ。

苦しんで、開く、岩戸は、真《まこと》の岩戸でないぞ。

（四九六）

神示、肚に、入れないで、御用《ごよう》、難しいぞ。
始めは、目当て、つくって、進まんと、行ったり、来たり、同じ道を、
ドウドウめぐりぢゃ。
（六二三）

そなたは、神示を、よく読んでいるが、それだけでは、足らん。
神示を、肚に、入《い》れねば、ならん、つけ焼刃《やきば》では、ならん。
神示を、血とし、生活とすれば、何事も、思う通り、スラリスラリと、
面白いほど、栄えてくるぞ。
（八四一）

忙《いそが》しい中にこそ、神示、読むときが、あるのぢゃ。
逃《に》げ道を、つくっては、ならん。
（八四六）

❖人は神の器《いれもの》、神は人の命《いのち》

人間、無くて、神ばかりでは、この世のことは、できはせんぞ。
神が、人間に、なって、働くのぞ。　（五二四）

神だけでは、この世のことは、成就せんと、申してあろうがな。
神が、うつりて、成就さすと、申してあろうがな。　（三六八）

人民、神に、仕えてくださらんと、神の、真《まこと》の力、出ないぞ。
もちつ、もたれつと、申してあろうがな。
神、祀《まつ》らずに、何事も、できんぞ。　（三六〇）

神は、人により、神と成り、人は、神によって、人と成るのざぞ。　（三二一）

神は、人と、成りたいのぢゃ。
人は、神と、成りたいのぢゃ。
霊《れい》は形を、形は霊を、求めてござるのぢゃ。
人は、神の器《いれもの》。
神は、人の命《いのち》。

（五一五）

臣民の肉体、神の宮《みや》と、成る時ざぞ。

（三五二）

神様と、臣民、同じ数だけあるぞ。
それぞれに、神、つけるから、早《はよ》う、身魂磨《みたまみが》いてくれよ。
磨けただけの、神を、つけて、天晴《あっぱ》れ、のちの世に、残る手柄《てがら》、立てさすぞ。

（五六）

この神示《ふで》、よく読めば、楽になって、人々から、光り、出るのざぞ。（二四五）

神示、読めば、神示のキ、通うぞ。（五五三）

神が、うつりたら、人が、思わぬこと、できるのざぞ。
今度は、千人力《せんにんりき》、与《あた》えると、申してあろが。（一九六）

今度は、神が、人民に、うつりて、また、人民と、なりて、真の花を咲《さ》かす仕組《しぐみ》。（黙示五－二）

神のキ、通うたら、そのキを、人間に、うつす御役《おやく》、救《すく》いの御役を、結構に、務めあげてくれよ。……

神と、成れば、神人《かみひと》と、成れば、何事も、心のまま。（六四一）

心して、慎《つつし》んでくだされよ。
ただちに、よき神界《しんかい》との、霊線《れいせん》が、つながるぞ。
霊線、つながれば、その日、その時から、よくなってくるぞ。
（八四二）

改心《かいしん》の見込《みこ》み、ついたら、世の元からの、生神《いきがみ》が、おのおのに、魂《たま》、入れてやるから、力添《ちからぞ》え、致《いた》してやるから、せめて、そこまで、磨いてくだされよ。
（三七五）

改心と、申すのは、何もかも、神に、お返しすることぞ。
（六六）

改まっただけ、おかげ、有るのざぞ。
（三三八）

素直な人には、神が懸《か》かりやすいのであるから、早う、素直に、致してくれよ。

（一五八）

素直に、すれば、魂、入れ替《か》えて、よいほうに、まわしてやるぞ。
喜びの身と、致してやるぞ。

（三〇一）

掃除《そうじ》すれば、誰《だれ》にでも、神懸かるように、日本《にほん》の臣民、なりておるぞ。

（一九）

洗濯《せんたく》すれば、神懸かるぞ。
神懸かれば、何もかも、見通しぞ。

（二六）

神が、見て、これならと、いう身魂に、磨けたら、神から、直々の神、つけて、天晴れにしてやるから、御用《ごよう》、見事に、仕上げさすぞ。（四〇八）

玉串《たまぐし》、神に、供えるのは、衣、供えることぞ。
衣とは、神の衣のことぞ。
神の衣とは、人の肉体のことぞ。
臣民を、献《ささ》げることぞ。
自分を、献げることぞ。（一二〇）

神の衣は、人であるぞ。
穢《けが》れ破れた衣では、神は、嫌《いや》ぞ。（一六一）

❖それぞれの人に、それぞれの役目がある

天《あめ》の日月《ひつく》の民と、申すのは、世界、治める、御魂《みたま》の器《いれもの》のことぞ。

民草《たみくさ》とは、一人《ひとり》を、守る器ぞ。

日月の臣民は、神が、トコトン、試しに、試すのざから、かわいそうなれど、我慢《がまん》してくれよ。

その代わり、御用《ごよう》、務めてくれたら、末代《まつだい》、名を残して、神から、お礼、申すぞ。（七九）

どんな草でも、木でも、その草木《くさき》でなければならん御用、あるぞ。（六七一）

草木は、それぞれに、神の御言《みこと》の、まにまに、なっているぞ。（八七）

草木さえ、神の心に、従っているではないか。
神の旨《むね》に、それぞれに、生きているでないか。
あの姿に、早《はよ》う、返りてくれよ。
青人草《あおひとくさ》と、申すのは、草木の心の民のことぞ。
（五三）

どんな臣民にでも、それぞれの御用あるから、心配なく、務めてくれよ。
（五五）

人民、それぞれの身魂《みたま》によって、役目、違《ちが》うのであるぞ。
（七六七）

個人は個人の、一家《いっか》は一家の、国は国の、御用がある。
御用大切、御用結構。
（六七一）

御用は、自分で、務めよ。
人が、さしてくれるのでないぞ。
自分で、御用するのぞ。
（五三）

神の御用さえ、務めてくだされたら、心配ごとが、嬉《うれ》し嬉しのことと、成る仕組《しぐみ》ざぞ。
（二四七）

神の仕事、しておれば、どこにいても、いざと、いうときには、神が、つまみあげて、助けてやるから、御用第一ぞ。
（三四）

欲、出さず、素直に、今の仕事、致《いた》しておりてくれよ。
その上で、神の御用してくれよ。
（四四）

神の御用と、申して、自分の仕事を、怠《なま》けては、ならんぞ。（九〇）

日々の、人間の御用を、神の御用と、和すように。

神の御用が人の御用、人の御用が神の御用と、成るのが、真《まこと》の道であり、弥栄《いやさか》の道であり、大歓喜《だいかんき》であるぞ。（八三六）

日々の、人民の御用が、神の御用と、一致《いっち》するように、努力せねば、ならん。一致すれば、嬉し嬉しで、暮らし向きも、何一つ、足らぬもの、無くなってくるぞ。

食物が、喜んで、飛び込《こ》んで来《く》るぞ。

着るものが、着てくれと、飛び込んで来るぞ。

住居も、できて来るぞ。（黙示補－二）

身魂を、十分、磨《みが》いておいて、くだされよ。
神が、力、添えるから、どんな見事な、御用でも、できるのであるぞ。

（五九〇）

今、まいた種、今日《きょう》や明日《あす》には、実らんのざ。
早く、花が、見たく、実が、欲しいから、焦《あせ》るのぢゃ。
人間の近欲《ちかよく》と、申すもの。
神の大道《たいどう》に、生きて、実りのとき、待てよ。
まいた種ぢゃ。
必ず、実る。

（六二一）

神様は、私たちに、神の御用をするように求められています。

第十《じゅう》の扉《とびら》　大奥山《おおおくやま》の大御神業《だいごしんぎょう》と縁《えん》

❖奥山《おくやま》とは、神人交流《かみひところうりゅう》の場

ここからは、天明《てんめい》の一《はじめ》の御用《ごよう》の状況《じょうきょう》をうかがい知ることのできる貴重な神示《ふで》をお伝えします。

天明の住んでいる所、奥山《おくやま》ぞ。

（六九）

天明は、神示、書かす役ぞ。

（三三四・誤三三八）

天明、祀《まつ》りのマネするでないぞ。

（三三四・誤三三八）

同じ奥山が、そのときどきにより、かわってくるぞ。

（四六四）

奥山、どこに、かわっても、よろしいぞ。
当分、肉体へ、納まるから、どこへ、行《い》っても、このほうの国ぞ、肉体ぞ。
（三五二）

奥山から、出たものは、奥山に帰り、また、奥山から、さらに、弥栄《いやさか》と、成って、出るのであるぞ。
（五四六）

奥山と、他《た》のものと、混ぜこぜ、まかり、ならん。
大き一《ひと》つでは、あるが、別々ぞ。……
これが、わからねば このたびの、大神業《だいしんぎょう》、わかりはせんぞ。
（七九四）

大奥山《おおおくやま》は、隠《かく》れぢゃ。
（八〇七）

奥山は、奥山と、申してあろう。
いろいろな団体を、つくっても、よいが、いずれも、分かれ出た集団《まどい》。
一つにしては、ならん。
奥山は、有りて、無きもの、無くて、有る存在である。（七九四）

この先、どうしたら、よいかと、いうことは、世界中、金《かね》のわらじで、探しても、ここよりほか、わからんのざから、改心《かいしん》して、訪ねてござれ。（二九六）

世界の、どこ探しても、今では、九九《ここ》よりほかに、神の、真《まこと》の道、知らす所、無いのざぞ。（二四六）

奥山に、参《まい》りて、来《こ》ねば、わからんことに、なってくるぞ。（四六四）

もう、待たれんから、わかりた人民、一日《ひとひ》も、早く、奥山に、参りて、神の御用、結構に、務めあげてくだされよ。（五八五）

大奥山は、神人交流《かみひとこうりゅう》の、道の、場である。（七九四）

十柱《とはしら》の神様、奥山に、祀りてくれよ。

九柱《くはしら》でよいぞ。

いずれの、神々様も、世の元からの、肉体、持たれた生き通しの、神様であるぞ。（二二八）

大難《だいなん》、小難《しょうなん》に、マツリ替《か》えてくだされと、お願いするのざぞ。（三二九）

奥山十柱とは、このような神々様と示されています。

大日月地《おおひつきくに》の大神《おおかみ》

意富加牟豆美《おおかむづみ》の神《かみ》

素盞鳴《すさなる》の神《かみ》

国常立《くにとこたち》の大神《おおかみ》

雨《あめ》の神《かみ》

風《かぜ》の神《かみ》

岩《いわ》の神《かみ》

荒《あれ》の神《かみ》

地震《じしん》の神《かみ》

御光《みひかり》の神《かみ》

苦しくなりたら、いつでもござれ。
その場で、楽にしてやるぞ。
神に、従えば、楽になって、逆らえば、苦しむのぞ。　（六一）

この道に、縁《えん》、ある人には、神から、それぞれの神を、守りに、つけるから、
天地《てんち》の元の、天《てん》の大神、地《くに》の大神と、ともに、よく祀りてくれよ。　（二五）

江戸《えど》に、神と、人との、集まる宮《みや》、建てよ。
建てると、申しても、家は、型《かた》でよいぞ。
仮《かり》のものざから、人の住んでいる家でよいぞ。　（四七）

❖神様が、奥山《おくやま》に、引き寄せている

真《まこと》の道、伝えるところへは、臣民、なかなか、集まらんぞ。

見てござれよ。

いくら、人、少なくても、見事なこと、致《いた》して、御目《おんめ》に、かけるぞ。

縁《えん》、あるものは、一時《いちじ》に、神が、引き寄せると、申してあろがな。

人間心で、心配、致してくれるなよ。（三四三）

大奥山《おおおくやま》は、このたびの、大御神業《だいごしんぎょう》に、縁《ゆかり》のある神と、人とを、引き寄せて、ねり直し、御用《ごよう》に使う仕組《しぐみ》。

見てござれ。

人民には、見当、とれんことになるぞ。（八〇七）

神が、引き寄せるからと、申して、懐手《ふところで》していては、道は、ひろまらんぞ。
（四九〇）

神の御用する身魂《みたま》は、選《よ》りぬいて、引っ張りておるぞ。
（一〇三）

元の大和魂《やまとだましい》の、真の身魂、そろうたら、人は、たくさんなくても、この仕組、成就するのざと、申してあろが、末代《まつだい》、動かぬ、世の元の礎《いしずえ》、築くのざから、決まりつけるのざから、気《き》つけおくぞ。
（二六四）

今度、ここへ、神が、引き寄せたものは、みな、キリストぢゃ、釈迦《しゃか》ぢゃぞと、申してあろう。
磨《みが》けば、今までの、教祖《きょうそ》にも、成れる、身魂ばかりぞ。
（五四四）

神の御用は、神のミコト（命《みこと》・御言《みこと》）のままでなくては、成就せん。
みなみな、釈迦ぞ、キリストぞ。
もっと、大き計画、もちてござれ。
着手は、できるところからぞ。
つかめるところから、神を、つかめよ。
部分から、つくりあげなされよ。

（七九五）

救世主《きゅうせいしゅ》は、一人《ひとり》でないぞ。
おのおのの、民族に、現れて、五十人《ごじゅうにん》で、あるなれど、五十と、いう数に、囚《とら》われるなよ。

（黙示一－五）

真のもの、少しでも、今度の仕組は、成就するのざぞ。
人は、たくさんには、いらんのざぞ。

（三七五）

因縁《いんねん》のある臣民でないと、御用、できんぞ。（七）

人民の因縁性来《しょうらい》は、みな、神示《ふで》に、書かしてあるぞ。
そなたのこと、何もかも、一目《ひとめ》ぢゃ。
因縁、わかって、嬉《うれ》し嬉しで、御用結構。（七〇八）

同じ筋の御魂《みたま》、たくさんに、有るのぢゃ。
類魂《るいこん》と、人民、申しているもの。（七一四）

ミロク世《よ》に、出《い》づには、神の人民、お手柄《てがら》、致さな、ならんぞ。
お手柄、結構結構。
神の人民、世界中にいるぞ。（四六四）

❖奥山《おくやま》との、縁《えん》を、大切にしなさい

縁《えん》、あればこそ、そなたたちを、引き寄せたのぢゃ。

このたびの二度《にど》と、無い、大手柄《おおてがら》の差し添《ぞ》えと、成ってくだされよ。

（五〇六）

よう分けて、聴《き》きとりて、せっかくの、縁《えにし》と、時を、はずすでないぞ。（四八二）

このほうのもとへ、引き寄せた人民。

八《はち》、九分通《くぶどお》りは、みな、一度《いちど》や二度は、死ぬる命《いのち》を、神が、助けて、メグリ、取って、御用《ごよう》、さしているのぞ。……

肚《はら》に、手、あてて、考えてみよ。

なるほどなあと、思いあたるであろうが。

（五五二）

自分で、自分のこと、しているのであるが、また、させられているのであるぞ。（五一二）

自分で、自分のしていること、わかるまいがな。

神が、さしているのざから、人間の頭《あたま》では、わからん。

仕組通《しぐみどお》りに、使われて、身魂《みたま》の、掃除《そうじ》の、程度に、使われて、使い分けられているのぢゃぞ。

早《はよ》う、人間心、捨ててしもうて、神の申す通りに、従いてくだされよ。（四四五）

❖因縁《いんねん》のある人と、集団《まどい》をつくりなさい

集団《まどい》、つくれ、つくれ。
みな、拝《おろが》み合うのざぞ。
集団の印《しるし》は、⦿（喜び）ぞ。
拝み合うだけの、集団でよいぞ。

（四三〇）

集団のアは、神示《ふで》ぢゃ。
ヤと、ワとは、左と、右ぢゃ。……
その下に、四十九人《しじゅうくにん》ぢゃ。
わかりたか。
集団、弥栄《いやさか》、弥栄。

（四二一）

元の人、三人《さんにん》。

その下に、七人《しちにん》。

その下に、七七《しちしち》・四十九人。

合わして、五十九《ごじゅうく》の身魂《みたま》、有れば、この仕組《しぐみ》は、成就するのざ。

この五十九の身魂は、神が、守っているから、世の元の、神懸《かみが》かりて、大手柄《おおてがら》をさすから、神の申すよう、何事も、身魂磨《みが》いてくれよ。……

これだけの身魂が、力、合わして、よき世の礎《いしずえ》と、成るのざ。
（一三）

今度の五十九の身魂は、御苦労《ごくろう》の身魂ぞ。

人のようせん辛抱《しんぼう》さして、生き変わり、死に変わり、修行《しゅぎょう》さしておいた昔からの、因縁《いんねん》の身魂のみざから、見事、御用《ごよう》、務めあげてくれよ。
（四六）

三分《さんぶ》、残したいために、三千《さんぜん》の足場と、申してあるのぢゃ。早《はよ》う、三千、集めよ。
（五七四）

一家《いっか》のためぞ。

国のためぞ。

世界の民のためざぞ。

天地《てんち》の御《おん》ためざぞ。
（四四五）

神人《かみひと》と、申すのは、神の、弥栄のため、世の、弥栄のため、祈《いの》り、実践《じっせん》する人のことであるぞ。

神のため、祈れば、神と成り、世のため、祈れば、世と一体と成るのぢゃ。

自分のためばかりで、祈れば、迷信、我《われ》よしの、下《げ》の、下ぞ。
（六五九）

❖奥山《おくやま》では、何事も、手を引き合って、やりなさい

自分、出しては、集団《まどい》、壊《こわ》すぞ。（五四二）

我一力《われいちりき》では、何事も、成就せんぞ。手、引き合って、やりて、くだされと、申してあること、忘れるでないぞ。（三四四）

一人《ひとり》で、手柄《てがら》は、悪《あく》ぢゃ。分けあって、やれよ。手、握《にぎ》りて、やれよ。（三五一）

今度、身魂磨《みたまみが》けてきたら、末代《まつだい》のこと。
末代、結構ざから、それだけに、大層ざから、お互《たが》いに、手、引き合って、
磨き合って、御用《ごよう》結構ぞ。
（四一六）

一人一人は、力、弱くとも、一つに、和してくだされよ。
二人《ふたり》、寄れば、何倍か。
三人《さんにん》、寄れば、何十倍もの、光り、出るぞ。
（六〇五）

信じ合うもの、有れば、病気も、また楽しく、貧苦《ひんく》も、また楽しいのであるぞ。
（七二一）

同じ愛、同じ想念《そうねん》のものは、おのずから、集まって、結ばれる。
天国《てんごく》の、かたち、ウツシが、奥山ぞ。
（六二六）

大奥山《おおおくやま》は、神人交流《かみひとこうりゅう》の場

天国に行《い》く人、この世でも、天国にいるぞ。
徳《とく》、積めばこそ、天国へ、昇《のぼ》るのぢゃ。
（五七一）

真《まこと》の集まりが、神徳《しんとく》ぢゃ。
神徳、積むと、世界中、見え透《す》くのざぞ。
（三六八）

的《まと》とせよと、申してあろうがな。
的は、光りの差し入るところ。
的として、月一度《つきいちど》、出《だ》せよ。
（五四二）

二度《にど》、三度《さんど》、話、聞いたり、拝《おろが》んだりくらいで、道は、わからん。
神は、わからん。
体験、せねば、ならん。
（六八七）

この道に、縁《ゆかり》、あるものだけで、型《かた》、出せよ。
型で、よいのぢゃぞ。
（四〇二）

今は、型であるぞ。
改心《かいしん》すれば、型、小《ち》さくて済む。
（一八三）

ミロクの世《よ》の、やり方、型、出してくだされよ。
一人でも、二人でもよいぞ。
（四四七）

日々の生活を、神示《ふで》に、合わすことぞ。
この中から、神示通《どお》りの、型、出せよ。
（五二七）

産土様《うぶすな》に、よくお願いなされよ。
忘れては、ならんぞ。
（八〇九）

一所《ひとところ》の御用、二人ずつで、やりてくれよ。
結構な御用であるぞ。
いずこも、仮であるぞ。……
今は、型であるぞ。……
産土様、忘れずにな。
（二三〇）

九分《くぶ》、行《おこな》ったら、一休《ひとやす》みせよ。
始めから、終わりまで、休まずに、行くと、今の人民では、息切れ、致《いた》すぞ。
一休みして、自分の来た道を、ふり返れよ。
（黙示二－九）

人間心《ひとごころ》で、急ぐでないぞ。
我《が》が、出て来《く》ると、しくじるから、我と、わからん我、有るから、今度は、しくじること、できんから、ここと、いうときには、神が、力、つけるから、急ぐでないぞ。……

今に、わかりてくるから、あわてるでないぞ。
（一八六）

人の心と行いと、神の心に、とけたら、それが、神の国の、真の御用の役員ぞ。
（五五）

❖神様に、先達《せんだつ》に、任《まか》せ切ること

これぞと、思う人が、あったら、その道の人に、ついてござれよ。
一寸《いっすん》先、見えん人民ぢゃ。
先達《せんだつ》のあとから、ついてござれ。
それが、一番《いちばん》、よいことぢゃ。
（七〇六）

これという、先達が、あったら、先達の、いうこと、いう通りに、ついて
行《い》けよ。
（六八四）

真《まこと》の、光りの、道に、行き、進めよ。
ここぞと、見極めたら、理解に、向かって、ひたすらに、進まねば、ならん。
（七〇九）

真理を、理解するのが、早道。
確信となるぞ。
（七二三）

真理を知って、よくならなかったら、よく省みよ。
よくなるのが、真であるぞ。
悪くなったら、心せねば、ならん。……
善人が、苦しむこと、あるぞ。
よく考えてみい。
長い目で、見て、よくしようとするのが、神の心ぞ。
（五八七）

従うところには、従わな、ならんぞ。
従えば、その日から、楽に、なってくるのざぞ。
（三三七）

人を、神として、仕えねば、ならんぞ。（一二〇）

信念、越《こ》えて、自分より、上のものに、任《まか》せ切ったのが、理解であるぞ。
信念だけでは、何事もできん。
確信は、理解からぞ。（六八四）

任せ切らねば、真の安心立命《あんしんりつめい》、無いぞ。
任せ切るには、任せ切って、安心できる神を、つかまねば、ならん。（六三八）

これと、信じたら、任せ切れよ。
損も、よいぞ。
病気も、よいぞ。
ケガも、よいぞ。（五九四）

早《はよ》う、神に、すがれと、申しているのぞ。
真で、すがれば、その日から、よくなるぞ。
神力《しんりき》、現れるぞ。
（二九九）

信じ切るからこそ、飛躍《ひやく》するのぢやぞ。
不信《ふしん》に、進歩、弥栄《いやさか》、無いぞ。……
任せ切るからこそ、神と、成るのぢや。
神に、通ずるのぢや。
（六六八）

神任せが、よい人民であるぞ。
この神と、認めたら、理解して、任せ切れよ。
（六七三）

神に、任せ切ると、申しても、それは、自分で、最善をつくして、あとのことぢゃ。
努力なしに、任せるのは、悪任《あくまか》せぢゃ。

（六八三）

他力《たりき》の、中の、自力《じりき》ぢゃ。
ぢゃと、申して、任せ切ったと、申して、懐手《ふところで》、ならん。
自力、大切ぢゃ。

（六七七）

神に、心、みな、任せてしもうて、肉体欲、捨ててしもうて、それで、嬉《うれ》し嬉しぞ。
神が、限りなき、光り、喜び、与《あた》えるのざぞ。

（三五七）

命《いのち》、捨てて、懸《か》からねば、真の理解には、入《はい》れん、道理。

身欲信心《みよくしんじん》では、ダメ。

命、捨てねば、命に、生きられん、道理。（六〇八）

梶《かじ》を離《はな》して、鳴門《なると》の渦《うず》の中に、任せ切れよ。

任せ切ると、開《ひら》けてくるのぢゃ。

悟《さと》れたようでいて、そなたが、悟り切れんのは、任せ切らんからぞ。（八四三）

任せ切ることは、神様を信じる上で、究極の教えだと思います。

しかし、ひっくり返っている世の中で、立派な先達はごくわずかにしかいません。

まず、任せ切る前に、神示《ふで》などをしっかりと読んで理性や常識、判断力などを養って、それから先達を探してみてください。

❖神示《ふで》を、ひろめなさい

神示《ふで》、読んで、どんな人が、来ても、その人々に、あたるところ、読みて聞かすが、一等ざぞ。（四六六）

誰《だれ》でも、見て、読めるように、写《うつ》して、神前《しんぜん》に置いて、誰でも、読めるようにしておいてくれよ。（四八）

神示通《どお》りに、説けと、申してあろが、忘れて、ならんぞ。（四六八）

この神示、読んで、嬉《うれ》しかったら、人に、知らしてやれよ。
しかし、無理には、引っ張ってくれるなよ。
この神は、信者《しんじゃ》、集めて、喜ぶような、神で、ないぞ。（四九）

今までの神示、縁《えん》、ある臣民に、早《はよ》う、示してくれよ。
神々様、臣民、まつろいて、岩戸開《いわとひら》く、元、できるから、早う、知らせてくれよ。
（四八）

神示、ひろめることぢゃ。
やってみなされ。
必ず、嬉し嬉しとなるぞ。
栄えるぞ。
嬉しくなかったら、神は、この世におらんぞよ。
（六六五）

一人《ひとり》で、七人《しちにん》ずつ、道、伝えてくれよ。
その御用《ごよう》が、まず、始めの御用ぞ。
（五九）

心の窓を、大きく、開《ひら》いて、小さい、我《われ》の欲を、捨てると、遠くが、見えてくるのぢゃ。

見えたら、まず、自分の周囲に、知らせねば、ならん。

知らすことによって、次の道が、開けてくるのぢゃ。

自分だけでは、嬉し嬉しと、ならん。

（八二七）

早く、みなのものに、知らしてくれよ。

神、急《せ》けるぞ。

（四六）

人民の心さえ、定まったら、このほう、おのずから、出て、手柄《てがら》、立てさすぞ。

手柄、結構ざぞ。


（三五〇）

❖宗教《しゅうきょう》や悪《あく》の金《かね》もうけは、してはならない

神は、臣民・人民に、手柄《てがら》、致《いた》さして、万劫末代《まんごうまつだい》、名残して、世界うならすのざぞ。（三三九）

使命《しめい》が、命《いのち》。
上から、神から、命《めい》ぜられたことが、命《いのち》ぞ。
使命は、つくられたときに、与《あた》えられる。
使命、無くてものは、生まれんぞ。
自分の使命は、内に聴《き》きつつ、外に聴けよ。
使命、はたすが、喜びぞ。（六七五）

神で、食うてゆくこと、ならんから、くれぐれも、気《き》をつけておくぞ。（四四）

この教えは、宗教《おしえ》ではないぞ。……
道とは、臣民に、神が、満ちることぞ。
神の国の中に、神が、満ち、満つることぞ。

（四三）

ここは、光りの道、伝え、行う所。
教えでないと、申してあろう。
教えは、教えにすぎん。

（六五八）

今に、ここの悪口、申して、ふれ歩く人、出て来《く》るぞ。
悪口、言われだしたら、結構、近づいたのざと、申してあろ。
悪口は、悪《あく》の、白旗《しらはた》ざぞ。

（四九三）

この道、開《ひら》けてくると、敵が、だんだん、多くなってくるぞ。
敵、結構ぞ。
敵、尊《とうと》べよ。
敵に、親切せよ。（四九一）

神示《ふで》、出ぬとき、近《ちこ》うなりたぞ。
神示、出なくなりたら、口で知らすぞ。（二四二）

今に、神示に、書けないことも、知らさな、ならんから、耳から、知らすから、肚《はら》から、肚へと、伝えてくれよ。（二五七）

よき代《よ》に、なりたら、神は、もの言わんぞ。
人が、神と、成るのざぞ。（二四五）

❖神界《しんかい》の秘密、開示《かいじ》の時

岩戸《いわと》が、開《ひら》けたら、岩戸の中から、キの馬が、飛び出して来《く》るぞ。キが、元ぞと、申してあろうが、トドメの馬であるぞ、黄金《こがね》の馬であるぞ、救《すく》いの馬であるぞ。

このこと、神界《しんかい》の秘密でありたなれど、時、来《きた》りて、人民に、伝えるのであるぞ。

（黙示補－六）

ヤとワと、申してあろうがな。

その下に、七七七七七七七《しちしちしちしちしちしちしち》と、申してあろうがな。

（一三七）

十月《じゅうがつ》とは、十《かみ》（神）の、月ぞ。

一（横）と、｜（縦）との、組みた、月ぞ。

（一六一）

北、拝《おが》めよ。
北、光るぞ。
北、よく成るぞ。……
ミロクの世《よ》と、成るぞ。
あわてずに、急いでくれよ。
神々様、みなの産土《うぶすな》様、総活動でござるぞ。

（一三四）

ここまでに、現在の世の中に適合しない神示《ふで》のことも掲載《けいさい》しました。
理由は、天明《てんめい》が字にうめた神示を大切にしたいと思ったからです。
きっと、次の、次の御用《ごよう》で、花咲《さ》くと思います。

「三千年《さんぜんねん》の仕組《しぐみ》、晴れ晴れと、富士《ふじ》は、晴れたり、日本晴《にほんば》れ。」

結び

ここから、とても個人的な話になりますがご了承《りょうしょう》ください。

二十二日の夜に、実地《じっち》が、見せてあろうがな。（三四五）

22日を読み解くと、1945年旧5月22日のことでした。

新暦《しんれき》になおすと、1945年7月1日になります。

これを七六《しちむず》かしい時代の76年後になおすと、2021年7月1日になります。

私の個人的な体験の話になりますが、あとから手帳を見かえすと、この日の夜に、「国常立《くにとこたち》の一厘《いちりん》を受諾《じゅだく》す」と書いてありました。

奇《く》しくも、この日は、「日月神示《ひつくしんじ》」の内容が読み解けた日でした。

また、その前月、2021年6月15日が「あれの巻《まき》」の私個人に対する神意《しんい》を受け取った日となり、涙《なみだ》を流しながら読んだことを記憶《きおく》しています。

終わりの御用《ごよう》の始めは、大和歌《うた》ぞ。
大和歌の集団《つどい》とせよ。……
道、開く、表の終わりの御用ぞ。
（三四七）

天明《てんめい》は、晩年、「次の世の型《かた》の人は、ほかで出る」と言ったと聞きます。
天明は、最晩年、真寿美《ますみ》の家修養会《しゅうようかい》の白山幸宣《しらやまこうせん》先生に書画を贈《おく》りました。
真寿美の家修養会とは、まさに、「大和歌の集団」です。
そして、「道、開く、表の終わりの御用」なのです。
私は、真寿美の家修養会の本部から奥伝《おくでん》を授かり、道統《どうとう》を継《つ》いでいます。

箸《はし》、供えて、お下げした箸、みなに、分けやれよ。
食《け》に、難儀《なんぎ》、せんよう、守りくださるぞ。
仕組《しぐみ》、少し、早《はよ》、なったから、かねて見して、あったこと、八月八日から、始めくれよ。
（三二〇）

8月8日とは、1945年旧8月8日のことです。新暦になおすと、1945年9月13日になります。

これは、あとから知ったことですが、その60年後、2005年9月13日が、私の会社である株式会社COBOLを設立した日でした。

とても、偶然《ぐうぜん》なことで、神様との機縁《きえん》を感じてなりません。

一二三《ひふみ》の裏の御用する身魂《みたま》も、今に、引き寄せるから、その覚悟《かくご》せよ。
覚悟よいか。
待ちに、待ちにし、秋、来たぞ。
八月の七日。

（三三二）

8月7日とは、1945年旧8月7日のことです。
新暦になおすと、9月12日です。
9月13日の前日になります。
鍛《きた》えに鍛え、練《ね》りに練った、会社設立の前夜のことを思い出します。

トコトン、苦労、有るなれど、楽しき苦労ぞ、めでたけれ。
申《さる》、酉《とり》、過ぎて、戌《いぬ》の年、亥《い》の年、子《ね》の年、めでたけれ。

（三三二）

申の年は、２０１６年で、私が國學院大學神道文化学部《こくがくいんだいがくしんとうぶんかがくぶ》を卒業して、書籍《しょせき》を書き始めた年です。

戌の年は、２０１８年で、『祈《いの》り方《かた》が９割《わり》』が世に出た時です。

子の年は、２０２０年で、『ブッダの獅子吼《ししく》』が世に出た時です。

あとから知らされたことですが、たまたま、符節《ふせつ》が合っていました。


なぜ、このようなことをお伝えしているのかというと、読者の皆《みな》さまにも、神様を信じて神示《ふで》を読んでいれば、このような不思議なことが起こりうると思うからです。

読者の皆さまの、ご参考になれば幸いです。


旧九月八日から、祀《まつ》り、礼拝《らいはい》、スックリ、変えさすぞ。

神代《かみよ》までには、まだまだ、変わるのぢゃぞ。
（四一八）

旧九月八日、トドメぞ。　（二八三）

９月８日とは、１９４５年旧９月８日のことです。

新暦になおすと、１９４５年10月13日です。

１９４５年を１年目として、27年目の１９７１年が次の御用とお伝えしましたが、その時から50年後に、ようやく、書籍として、めでたく、世界に、読者の皆さまに、うつすことができました。


ここの仕組は、天《てん》の仕組と、地《ち》の仕組と、神《かみ》と成り、仏《ほとけ》と成り、結び、☉（日月《ひつく》）と和し、国常立の神と、現れ動き、鳴り、成りて、真《まこと》の世、ミロクの世《よ》と、致《いた》して、この世を、神の国と、致す仕組ぢゃ。　（四八八）

我《われ》の思い、捨ててしもうて、早《はよ》う、この神示、穴のあくほど、裏の裏まで、肚《はら》に、入れておいてくれよ。

この神示の終わりに、神、強く頼《たの》むぞよ。

（二五六）

皆さまが神示を伝えてくれれば、２０２２年まで苦しみ、２０２４年まで、もがき、２０２６年で、やっと気《き》づくという神の仕組は、大難《だいなん》が小難《しょうなん》となり、越《こ》えて行《い》けると思います。

特に、神界《しんかい》の紀《もと》の年の２０２４年には、もがくことなく神様をお迎えすることが、私たちに課せられた使命なのです。

最後まで、読んでいただき、誠に、有りがとうございます。

１９７１年10月13日、次の仕組の50年の節、めでたけれ

北川 達也

参考資料　「あれの巻《まき》」（秘蔵　私家版）

ここでは、「日月神示《ひつくしんじ》」の中の「あれの巻《まき》」（抜粋）から、私が理解した私個人に対する神意《しんい》を参考資料として掲載しておきます。

岩戸開《いわとびら》き、鳴り成るぞ。
真《まこと》、岩戸は、永久《とわ》ぞ。
一《ひ》（火）と、三《み》（水《み》）ぞ。
御位《みくらい》、継《つ》ぐ、道、始めぞ。

文字の、日の世、始め、出《い》づぞ。
文字の、神秘、開《ひら》き、結ぶ、魂《たま》に、祝う。
御代《みよ》の、務めに、開く、文字、出づる、道なり。

結ぶ魂に、開かれたる、大和心《やまとごころ》の、道ぞ。
伊耶那岐命《いざなきのみこと》、伊耶那美命《いざなみのみこと》の道の、魂、継ぐ、意味、開くなり。
（神道《しんとう》）

文字の、絶対、継ぐ、意味ぞ。
結ぶ、五六七《コロナ》の世となるぞ。
（２０２０年）

根っこ道ぞ、真《まこと》ざぞ、弥栄《いやさか》弥栄。

南無《なむ》を、荷《にな》いて、開く、五六七《ミロク》。
（仏法《ぶっぽう》の筆）

日継《ひつぎ》の意味、荷う、数と文字の、絶対、九《こう》の道。
（神道の筆）

文字の、極意《ごくい》の、極《きわ》みは、読みの、道ぞ。
富士《ふじ》に、花、咲《さ》く、時ざぞ。
開く結びの、命《いのち》、文字、開き、文字、実るぞ。

この仕組《しぐみ》、四八音《ヨハネ》と、成るぞ。
天《てん》の、言霊《ことたま》の、道。（イエスの筆）

百霊《ひゃくれい》、継ぐ、文字の道。
キの、極みたり。
面白に、秘、解く、答え、文字の、道ぞ。
答えの、トドメたり。（10月13日）

国々、晴れ渡《わた》るぞ。
日継、開く、文字、百《もも》に成る、極みなり。
読み、これぞ。
文字に、成り坐《ま》せる、光りの、魂には、弥栄弥栄ざぞ。

文字、開き、務めに、結び、咲く花の、結び、一二三《ひふみ》ぞ。

（未来記《みらいき》）

不二軸《ふじじく》の道ぞ。
読みの極み、立つ、世ぞ。

素盞鳴《すさなる》の大神《おおかみ》、

（出雲大社《いずもたいしゃ》）

伊勢の、

（伊勢神宮《いせじんぐう》）

極みを、継ぐ、印《しるし》、給《たも》う。

（階位《かいい》）

文字、読み、みな、喜び、荷う、道、継ぐ。
不二軸の世。
喜びごと、叡智《えいち》に、ひびく、道ぞ。
神、継ぐ、極みと、成り、始まる道ぞ、道の極み。

問い、鳴り成り、読みの、岩戸は、開くなり。
天晴《あっぱ》れ、継ぐ　神の答えは、文字に、有り。

木《こ》の花の、一時《いちじ》に、どっと、咲くところ。
神代《かみよ》より、生きし、生神《いきがみ》、引き合うぞ。
真の働き、ものいう時、来《き》し。

命《みこと》の、実質の働き、悟《さと》りて、道《みち》の大神《おおかみ》、知る。
真、尊《とうと》き、御代と、成りますのぞ。

八百万《やおよろず》の神々《かみがみ》　神、集いに、集い給《たま》い。
弥栄、継ぎに、継ぎつきて、御代、印の、元、継ぐ、成るぞ。
トドメに、不二《ふじ》の、神、見、給いき。

道のこと、不二に、印、有り。
道の不二、早《はよ》う開《ひら》きそ。
喜びに、泣く、時、来た、印、文《ふみ》。
肚《はら》に、読み、道、トドメ、成る。

（生《い》き方《かた》）

問い問い文も、解くなる、始め。
身魂《みたま》、救《すく》う道、真の道、開きぞ。
神々、御喜《およろこ》びざぞ。

（神道の筆）

神懸《かみがか》りし、言霊、息吹《いぶき》、鳴り。
息吹のままに、道、満ち、元《もと》の大神《おおかみ》、ニコニコぞ。
目《め》で聞《き》く大神《おおかみ》、世の、神業《しんぎょう》の友、数《かず》、食う働きぞ。

（大和歌《うた》）

神の御言《みこと》、聞く耳、早う、掃除《そうじ》の時ぞ。
不二に、花、咲く、御代。
急ぐ、心ぞ。
嬉《うれ》し嬉し、早う、この文の道、知らせたり。
文字、読み、弥栄に、光り、文、成るぞ。
文命《ふみみこと》の、言の、御代の働き、次の光りなり。
真の、神の筆《ふで》、成るぞ。
心、しめて、読む、時ぞ。
不二は、晴れたり、岩戸開《あ》けたり。
後《のち》の世に、書き、印《しる》すぞ。　日月《ひつき》の神《かみ》　書き、印すぞ。

参考文献

岡本天明書「日月神示(全)」至恩郷 1976 ～ 1979年
岡本天明著『霊界研究論集』新日本研究所 1976年
岡本天明書『原典日月神示(第一巻 - 第二十三巻)』新日本研究所 1976年
岡本天明書『日月神示 第一訳』天地の会 1978年
岡本三典著『日月神示はなぜ岡本天明に降りたか』徳間書店 1996年
黒川柚月著『[日月神示]夜明けの御用 岡本天明伝』ヒカルランド 2012年

川面凡児述『祖神垂示の道』神道天興教会 2000年
黒住教教学局著『黒住教教典抄』黒住教教学部 1964年
天理教教会本部編『天理教教典』天理教道友社 1949年
金光教本部教庁編『天地は語る―金光教教典抄―』金光教本部教庁 1989年
大本本部編『新抄 大本神諭 三千世界一度に開く梅の花』天声社 2014年
大本教典刊行委員会編『いづのめしんゆ(伊都能売神諭)』天声社 2016年
三浦一郎著『新健康法―手あて療法―』たま出版 1970年
小田秀人著『生命の原点に還れ』たま出版 1985年
萩原真明監『真の道 神示』真の道出版部 1995年

北川達也著『祈り方が9割 願いが叶う神社参り入門』COBOL 2018年
北川達也著『ブッダの獅子吼 原始仏典・法華経の仏教入門』
COBOL 2020年

國學院大學日本文化研究所編『神道事典』(縮刷版) 弘文堂 1999年
中村元著『広説 佛教語大辞典 縮刷版』東京書籍 2010年
中村元、他編『岩波仏教辞典 第二版』岩波書店 2002年
増井佐羊子著『みんなの暦 運命の明鑑(萬年こよみ)改訂版Ⅱ』
増井佐羊子 1934年

北川 達也（きたがわ たつや）

1971年10月、東京生まれ。國學院大學神道文化学部 卒業。

全国約八万の神社を包括する神社本庁から、神職としての
学識が認められ、神職養成機関で取得できる最高階位である
「明階」を授与される。
神職養成の実習は、三重の伊勢神宮や島根の出雲大社、
東京の明治神宮などで修める。

仏教では、『梵漢和対照・現代語訳 法華経』などの著者で、
サンスクリット語やパーリ語、漢語などに精通している仏教思想
研究家の植木雅俊氏に師事する。また、公益財団法人 中村元
東方研究所・東方学院の研究会員となり、原始仏教を学ぶ。

2005年9月より現在に至るまで、ソフトウェア開発の会社
経営を行っている。この目的は、「世のため、人のため」という
「神道的な精神」を社会生活の場で応用実践することにある。

神道的な精神を伝えるために、「北川達也の定例セミナー」を
毎月開催している。

著書に、『祈り方が9割　願いが叶う神社参り入門』、
『ブッダの獅子吼　原始仏典・法華経の仏教入門』
（いずれもコボル）などがある。

日月の未来記　「日月神示」岡本天明の予言

2021年12月13日　第1刷発行
2022年　1月13日　第2刷発行

著　者　北川 達也
発　行　株式会社COBOL
〒101-0054　東京都千代田区神田錦町2-1-8　竹橋ビル3F
発　売　日販アイ・ピー・エス株式会社
〒113-0034　東京都文京区湯島1-3-4　電話/03-5802-1859

ISBN 978-4-909708-03-8 C0034